Mensajes para Fechas Especiales

Carmen Cecilia Díaz de Almeida

Portada y Diagramación: Judith Almeida
Fotografía tomada en Assateague National Park, MD
Primera Ed. Impresa, Colombia, 2004
Primera Ed. Digital, Estados Unidos, 2016
Derechos Reservados de la autora. Copyright © 2016

MOWA, Inc.
E-BOOKS

CARMEN CECILIA DIAZ DE ALMEIDA

Autora, Investigadora y artista colombiana.
Promotora de la Tradición y Cultura colombiana
Ha publicado 36 libros de cultura, tradición y sabiduría popular colombiana.
Reconocida por la UNESCO y la Gobernación de Santander, por sus aportes e investigaciones para conservar y transmitir la tradición oral, sabiduría y folclor colombiano, despertando el sentimiento de identidad, continuidad y así promover el respeto a la diversidad cultural y creatividad humana.
Intelectual comprometida con la Docencia-Educación y la Investigación de la Tradición Oral y Cultura en la región de Piedecuesta, Santander. Asesora en Universidades, Conferencista y Radio-locutora.
Realizó estudios profesionales de Historia de Colombia en la Universidad Industrial de Santander UIS, de Filosofía y Letras en la Universidad de Santo Tomás de Aquino, de Español y de Literatura en la Universidad de Pamplona. Hizo sus estudios primarios y secundarios en el Colegio de La Presentación de Piedecuesta y en la Escuela Normal Superior de Bucaramanga, allí obtuvo el título de Maestra Superior. Está casada y tiene dos hijos.

***Colección Tradición Oral Colombiana*:**
A calzón quitao (1992)
Los pregones de mi pueblo (1994)
El Trabalengüero (1997)
Cuentos de miedo (1998)
Cualquier parecido es mera coincidencia (1999)
Creencias y costumbres de mi pueblo (2001)
Refranes, coplas y adivinanzas para niños (2016)
Más decires de mi pueblo (2017)
Cuentos de Miedo – Spanish/English Version (2017)
El cuaderno viajero (2018)

Sabiduría Popular Colombiana:
Secretos caseros de nuestras abuelas (1990)
Piedecuesta, Mi patria Chica (1995)
Bucaramanga, señorial y bella (1995)
El trajín de la crianza (2000)
Creencias y costumbres de mi pueblo (2001)
Escritores de la Villa de San Carlos del Pie de la Cuesta (2003)
Santander (2004)
Recuerdos de mecedora (2008)
Escuela de economía doméstica (2018)

Colección Vivencias:
Los sentimientos no se compran en la tienda (2003)
Mensajes para fechas especiales (2004)
Sentir, asombrarse y vivir (2005)
Trocitos de paz (2005)
Las siete gracias de la felicidad (2010)
El poder del pero (2011)
Retratos de muchas Infancias (2020)

Colección de Cívica y Urbanidad:
El señorío se aprende en Casa. Civismo, buenas costumbres y etiqueta (2008)

Colección Poemas:
A través de la luz (2002)

Colección de cuentos:
El espantapájaros que tenía corazón (2003)

Libros publicados por la Editorial San Pablo:
Refranes y otras cosas de la ilustre Villa del Garrote (1984)
Comunícate (1992)
Secretos manuales para embellecer el hogar (2001)
Cuentos para niños de 1 a 100 años (2005)
No pierda el impulso (2005)
Un mensaje para mí (2006)

CONTENIDO

DEDICATORIA
PROLOGO___ Pág 9
INTRODUCCION___ Pág 11
MENSAJES PARA FECHAS ESPECIALES
1. Mes de Febrero___ Pág 15
2. Mes de Marzo___ Pág 19
3. Mes de Abril ___ Pág 31
4. Mes de Mayo___ Pág 47
5. Mes de Junio___ 61
6. Mes de Julio___ Pág 75
7. Mes de Agosto___ Pág 85
8. Mes de Septiembre ___ Pág 95
9. Mes de Octubre___ Pág 109
10. Mes de Noviembre___ Pág 133
11. Mes de Diciembre___ Pág 147
12. BIENVENIDA ___ Pág 161
13. DESPEDIDA___ Pág 163
14. ANIVERSARIO DE BODAS___ Pág 165
15. CUMPLEAÑOS ___ Pág 167
16. CONDOLENCIAS___ Pág 169

DEDICATORIA

A todas las personas que por un instante en la vida, hayan ofrecido amistad.

PROLOGO

Carmen Cecilia se luce una vez más. Son más de veinte publicaciones para recrear el alma y hacer la vida más fácil. En este caso, "Mensajes para fechas especiales", además de comunicarnos su estilo amoroso y coloquial nos regala con un libro práctico, un libro para tener siempre cerca.

Su lectura produce múltiples sentimientos. Sorprende en primer lugar la cantidad de "fechas especiales", son más de ochenta. Desde momentos tan importantes que no podían faltar como cumpleaños, bodas o la navidad; profesiones tan frecuentes como médico, arquitecto, maestro o ingeniero, hasta fechas tan curiosas como la del "Técnico en alimentos", "Negociador internacional", "Controlador técnico de audio" o el "Mensajero". Para cada uno de ellos y ellas tiene Cecilia frases que resaltan cualidades únicas y distintivas, aspectos especiales de su quehacer diario. Demuestra, por otra parte, la dedicación y acuciosidad que ha puesto la autora en percibir en cada profesión, oficio o fecha su esencia, aquellas cosas que le hacen diferente. Resuelve, además, la angustia que en una u otra ocasión hemos sentido de no encontrar la frase apropiada, el comentario caluroso que sintetice lo que sentimos por un amigo, un colega, un profesor o simplemente por un ser humano al que queremos transmitirle nuestro afecto y aprecio.

Este libro, que supongo tendrá ediciones y actualizaciones frecuentes, a medida que nuestra querida amiga Cecilia encuentre más "fechas especiales", se convertirá en algo así como un "diccionario" para decirle a las personas que estimamos, cuánto las queremos y apreciamos las actividades que desarrollan.

En fin, con seguridad "Mensajes para Fechas Especiales" hará más amable nuestra existencia, la de nuestros amigos y conciudadanos, empezando por los de Piedecuesta que tienen en Cecilia una mujer de empuje, comprometida con su pueblo y lo que es más importante "profesora" de varias generaciones y "Maestra" de todos. Gracias Cecilia por este práctico regalo.

Kurt Bayer Peraza

INTRODUCCION

Cuando al eco de una sugerencia se materializa, se obra un prodigio y si tiene como objetivo servir, alcanzamos a percibir la plenitud que produce el ayudar a cumplir una misión: comunicarse.

Grandioso encontrar a mano en el libro "MENSAJES PARA FECHAS ESPECIALES", unas cuantas ideas propicias para decir en pocas palabras un mensaje a cada una de las siguientes personas en su día, al Periodista, al Contador, a la Mujer, al Locutor, al Padre, a la Madre, al Teatrero, al Músico... La obra está organizada en orden de fechas por meses.

Se aspira a que este contenido fomente la cercanía y una vez establecidos los lazos de hermandad se afiancen y produzcan el calor humano tan necesario hoy.

Los libros son como los hijos, se gestan, nacen, ven la luz y crecen cada vez que un lector saca algún provecho de ellos, entonces, es ahí cuando vuelan y se van en busca de caminos para servir... Ojalá esta obra llegue muy lejos y en cada sentimiento que ayude a expresar, se obre la multiplicación de los panes a favor del amor y de la comprensión.

MENSAJES PARA FECHAS ESPECIALES

Cierto día, Amparito, una amiga muy especial me dijo:
"Cecilia, han pedido un libro que contenga mensajes para el día del Padre, del Vendedor, de la Secretaria, del Anciano, del Administrador, del Médico, del Ingeniero, en fin...

Ante el regalo de esta idea tan linda y posible, tomé la decisión de escribirlo, no sin antes haber dejado correr algunos meses, en los cuales lo pensé con amor y sinceros deseos de prestar este servicio que propicia y afianza la comunicación.

Los caminos de Dios son así, hay que tener disponible el radar, para recibir las ondas que invitan a ser, a ayudar y por consiguiente, a trascender. Cualquier acción buena por pequeña que sea, afectará a toda la humanidad y es hermoso transformarse en un medio de acercamiento y de bondad.

Cuando existe la amistad limpia y sincera, todo cuanto rodea a las personas fortifica, ilumina y da la energía necesaria para echar a andar cualquier proyecto que se halle a la espera de hacerse realidad.

Enhorabuena por las personas que tienen el don de dinamizar todo lo que tocan. Colombia necesita espíritus sanos y fuertes para hacer que crezca y prospere y en la medida en que se estrechen los lazos de fraternidad, amor y cercanía, florecerán mil iniciativas que están por ahí en busca de su tiempo preciso.

¡Que así sea!

1. Mes de FEBRERO

DIA DEL PERIODISTA (9 de febrero)

- Eres pensamiento sano, por consiguiente, tu palabra es vida. Felicidades.

- Tu mensaje está lleno de positivismo, conviertes la noticia en algo vivencial. La patria necesita periodistas de tu talla.

- Tus noticias tienen el sello original del profesionalismo auténtico, Felicitaciones.

- Tus mensajes trasparentan la limpidez de tu conciencia, dan seguridad.

- Piensa, piensa, piensa antes de hablar, te evitarás muchas penas.

- Que tu conciencia sea el mejor derrotero cuando quieras llegar a tu gente.

- Perdona las ofensas. Tu oficio es exigente; si eres bondadoso y recto la vida te dará la razón.

- Tu pericia te ha llevado muy lejos; Dios te guie en el arte de comunicar.

- La victoria es del que persevera; sigue en la búsqueda de la perfección, tu luz empieza a transcender.

- Sé un reto para ti mismo; ten claras las ideas y tu pluma será pronta.

- Gracias por permitirnos disfrutar de tu columna, una de las plumas más finas de la patria.

- Quienes hemos seguido paso a paso sus logros, que son muchos, sabemos que es poseedor de una gran capacidad para analizar la realidad.

- Su habitual buen humor y elegancia les dan la nota agradable a sus mensajes.

- Su crítica constructiva y el profesionalismo caracterizan todos sus escritos. Felicitaciones

- Tus aseveraciones fundamentadas, confirman la investigación constante con que compruebas la veracidad de tus noticias.

- Las expresiones son tan limpias que transparentan la verdad. Felicitaciones.

- Tu óptica tan original, confirma la capacidad que tienes para llegar a la comunidad.

- La capacidad que tienes para reconocer el error, te da el carisma que adorna a las personas deseosas de crecer.

- Siempre te ves satisfecho, es normal en una persona que ama a su profesión.

- Un buen periodista como tú, hace crecer a la patria, enfatizas lo positivo.

- Eres la voz de los que no tienen voz; en ti hay puestas muchas esperanzas.

- La comunicación establece fuertes lazos con las comunidades, siempre eres ángel de concordia y mediación.

- Si quieres triunfar, escucha el consejo de los sabios, pero sobre todo de quien mucho te ama.

- Ama la luz de la verdad, transcribe las realidades y la posteridad se encargará de lo demás.

- Eres como un árbol plantado junto al río; tu palabra sabia siempre da luz.

- Tus buenas noticias tienen el don de tranquilizar. Dios te guíe.

- Te creemos porque siempre eres prudente y dices la verdad.

- Tienes tres virtudes fundamentales: prudencia, sabiduría y alegría, por consiguiente, creemos en tu palabra.

- Siempre buscas la verdad y tu palabra llena de sinceridad da seguridad y conocimiento.

- Eres comunicación convertida en palabra sana, sencilla y confiable.

2. Mes de MARZO

DIA DEL CONTADOR (1 de marzo)

- Como eres tan capaz, no imaginas, ni supones las cosas; sólo las piensas, te cercioras y compruebas. Tu éxito está a la vista.

- Llenas de luz tu limpia profesión, con aciertos y verdades. Felicitaciones.

- La limpidez de tu trabajo es el sustento de una profesión exigente. Tu integridad brilla con luz propia.

- Los caminos que transitas, en pos de tu profesión, son rectos, el punto de tu llegada es el éxito. Felicitaciones.

- La huella de tu mano en las empresas a las cuales asesoras, ha sido fundamental para su progreso.

- Tienes paciencia, por ello fácilmente encuentras la razón. A una persona cuidadosa como tú, las cosas te salen bien.

- Como eres tan disciplinada y haces bien tus tareas, las empresas confían en ti.

- Trabajas mucho y muy duro para desempeñarte a cabalidad, das confianza y tranquilidad a quienes te encomiendan sus finanzas.

- No puedes beberte la palabra finanzas. Sin embargo, tú la experimentas, por consiguiente, tu eficiencia se hace notar.

- Crees en el progreso y éste acompañado de la rectitud, forman el binomio de la prosperidad. Felicitaciones.

- Tus sanas sugerencias aportan excelencia a las empresas que asesoras.

- Manejas una parte de la ciencia financiera, aportas progreso.

- Siempre, cuando llega la hora de la puesta del sol, la satisfacción de tu deber cumplido te da la paz que mereces.

- Eres digno de ser recompensado por tu eficiencia y rectitud.

- Tus grandes deseos de superación sumados a tus capacidades, te han permitido llegar a metas soñadas.

- El compromiso y entrega han llenado las expectativas de tu exigente profesión.

- Como tu escudo es la rectitud, todos tenemos fe en tu desempeño.

DIA INTERNACIONAL DE LA MUJER (8 de marzo)

- Estás dando pasos seguros para lograr el puesto que mereces en la sociedad. Felicidades.

- Con tu diligencia cada día, comprendes y valoras más tu trabajo. No desmayes, aunque el camino se tome arduo.

- Cada vez que dejas escuchar tu voz para opinar, das un paso en favor de la humanidad.

- En tu día te sugeriría: estudia, supérate, lee, prepárate y la vida te dará muchas razones.

- Lograrás cumplir tus metas, si sueltas esos nudos mentales que no te dejan ser. ¡Anímate! Adelante que la vida te reclama fuerte, resuelta y aplicada.

- Sigue avanzando sin miedo; en cada recodo del camino encontrarás el acicate necesario para seguir.

- Valórate; eres única en el mundo; vale la pena descubrir tantas maravillas que te regala la vida.

- Analiza el entorno, sé eficiente y las oportunidades no se harán esperar.

- Ganar un espacio cuesta gran esfuerzo; sé disciplinada y bondadosa y cuando menos lo pienses te habrás robado más de un corazón.

- No abandones tus metas fácilmente, ponlas en la mira, haz acopio de las fuerzas que te queden y sigue en busca de tu idea.

- Sea ésta la oportunidad para felicitarte por tu tesón, empeño y dedicación al estudio. La preparación puede llevarte muy lejos.

- Tus manos tienen el don de la multiplicación de los panes. Si optas por seguir con empeño, escalarás muchos peldaños.

- Siempre buscas mejorar, es el secreto de la prosperidad. No te detengas, el tiempo no vuelve.

- Sueña, sueña, sueña y todo se te cumplirá.

- Tu capacidad de compartir te ha merecido la confianza.

- Tus excelentes relaciones te hacen acreedora del cariño y la confianza de las personas que tienen la dicha de compartir contigo.

- Tu vida ha sido ejemplar; todo lo has conseguido con esfuerzo y perseverancia. Mereces lo mejor. ¡Adelante! No te detengas, un día el éxito te sorprenderá.

- El amor que hace sufrir no es amor, es martirio. Eres íntegra, te autovaloras, mujeres como tú son las que necesita la patria.

- Tu comportamiento feliz, aplomado y positivo trasciende al ambiente en el cual te desempeñas.

- Con fe calientas tus sueños y tu esfuerzo ayuda a conseguir las metas. Felicitaciones.

- Siempre afrontas los retos, esta condición te permite vivir a plenitud. Estamos orgullosos de ti.

DIA DEL PSICORIENTADOR (17 de marzo)

- Eres como la naturaleza, siempre tienes anhelos de servicio.

- Siempre quitas los estorbos del camino, ayudas sinceramente, das seguridad.

- Das importancia a los grandes y pequeños logros, eres todo comprensión, por eso te creemos.

- Aunque la cotidianidad te enfrenta a muchos sinsabores sabes ayudar a salir avante de cada dificultad.

- Siempre que contraponen diques a tu caudal de servicios, sacas fuerzas para seguir tu benéfica labor.

- Como tienes espíritu de servicio, en tu tiempo y en tu quehacer se obra la multiplicación de los panes.

- Como puedes controlar con serenidad y equilibrio las emociones, las personas que recurren a ti, recuperan la armonía.

- A todo cuando tocas trasciende la serenidad y la calma. Enhorabuena para este momento de la humanidad.

- Como el amor es tu ley, irradias la fuerza y el valor que necesitan personas ansiosas de vivir.

- Como bendices tu trabajo, se te multiplican las opciones de servir.

- Sólo exiges a cambio de tu servicio, ver a las personas más tranquilas y felices.

- Tu palabra amable suaviza el camino de los en ti buscan consuelo.

- Con mucho tino ayudas a encontrar razones y por ende equilibrio.

- No eres amigo de las barreras, forjas personalidades, das alientos para descubrir bondades y vivir a plenitud.

- Tienes el don de enseñar en forma práctica y de compartir con tus alumnos, por consiguiente, te amamos.

- Sabes corregir y orientar, ayudas a encontrar senderos que conducen a buen puerto.

- Siempre tus redes pescan espíritus ansiosos de crecer.

- Enseñas a encontrar luz aun en medio de las tinieblas.

- Eres bastión para las personas que sufren de tristeza. Dios te bendiga.

- Das fuerza y razón a muchas existencias.

- Quienes se encomiendan a ti salen adelante en la consecución de sus metas.

- Reconfortas los corazones y cambias el destino de las vidas.

DIA DEL NEGOCIADOR INTERNACIONAL
(18 de marzo)

- Como ejecutivo tienes dos tareas que hacer, administrar negocios y construír organizaciones, las obras hablarán por sí solas.

- Las naciones necesitan embajadores de sus calidades para poder consolidarse.

- Con personas de su talla y disciplina el país podrá trasformar la economía en fuente de productividad y de riqueza.

- Cuando los líderes tienen ideales sociales, muchas manos unidas se llenarán de trabajo y plenitud. Usted cumple a cabalidad con su misión.

- Esta profesión necesita personas que no pierdan su temple ante crudas realidades. Con su equilibrado proceder ha proporcionado seguridad.

- Se necesitan personas como usted que prefieran lo real a lo aparente y que nos representen como un país deseoso de crecer.

- Haces el papel perfecto de mediador, obras con calma. Nuestro país necesita personas que infundan respeto y confianza.

- Tu profesión consiste en llevar adelante las metas, en mostrar el camino. El país te necesita ¡Adelante!

- Siempre las dificultades te resultan mínimas, porque tienes muy claro cuál es tu obligación, para el provecho de nuestro país.

- Bien conoces el camino, tienes el reto de dirigir con acierto los destinos económicos para el bien de la patria.

- Tienes la gran responsabilidad de representar al país. Como estás dispuesto y conocemos tus calidades, confiamos en tu excelente desempeño, del cual tenemos testimonios.

- Enhorabuena por tu designación en momentos cruciales. Confiamos en tu desempeño.

- Tu acertado desempeño ha logrado mejorar las expectativas de mercados internacionales. Esta proeza merece nuestro reconocimiento.

- Has hecho uso debido de tus habilidades y de tus talentos. Ahora todos recibimos el premio. Agradecidos.

- Echas firmes cimientos en las empresas que representan a nuestro país.

- Eres guía de nuestra patria en el concurso internacional de los pueblos.

- Tus oficios a favor del país son tan seguros como la plata purificada en un crisol.

- Indicas la senda derecha, por consiguiente, se avizoran los excelentes frutos a nuestro favor.

- Tienes visión continental del progreso, tu pericia es fuente de confianza y prosperidad.

- Tu visión de vanguardia hace que cada día renueves estrategias y obtengas metas halagüeñas.

DIA DEL LOCUTOR (24 de marzo)

- Vive en la dirección de tus sueños y sé justo. Tendrás muchos seguidores.

- Ayudas a vivir con tus mensajes. Eres portador de la buena noticia.

- Tu entrega desinteresada a favor de la comunidad, es la mejor fortaleza a través de tu profesión.

- Cada uno de tus pensamientos, palabras y actos están signados por tu profesionalismo.

- Dices lo que eres; es el sello inconfundible de tu cabal desempeño.

- Siempre vas en pos de la verdad. Tus mensajes valen mucho.

- Eres excelente locutor porque sientes, piensas y crees en ti. El futuro te augura muchos éxitos.

- Tu ascenso hacia el éxito es gracias a tu capacidad y esfuerzo. Felicitaciones.

- Eres efectivo porque solucionas problemas y te orientas hacia las oportunidades.

- Disfrutas cuando transmites buenas noticias. Los radioescuchas te creemos.

- Como piensas y actúas con espontaneidad, tu noticia tiene muchos seguidores.

- Disfrutas tu profesión, es parte del secreto del éxito.

- Aprecias a conciencia todo cuando acontece a tu alrededor. Tus noticias están llenas de verdad.

- Sientes satisfacción al comunicarte con tus oyentes. Es parte de tu merecido premio. Felicitaciones.

- Se te nota la imperiosa necesidad de prestar un buen servicio social. La comunidad te envía parabienes.

- Como te desempeñas con tanto profesionalismo, el corazón te dirá siempre que hay motivos para sentirse tranquilo.

- Tu palabra prudente ha sido la mejor guía para evitar tropezones en el camino.

- El quehacer de tu palabra a toda prueba, es el mejor escudo en tan exigente profesión.

- Cada verdad que logras trasmitir te reviste de fuerza y hace expedito tu camino.

- Tu palabra eficaz, verdadera y justa ha sido escudo de salvación para personas honestas, orgullo de la patria.

- Tu palabra convertida en servicio, es la fuerza que te acompaña siempre.

- Sus mensajes bien intencionados son luz y alegría para un país ávido de esperanza.

DIA INTERNACIONAL DEL TEATRO (27 de marzo)

- Sólo los sueños te mantienen con vida.

- Si despiertas en el público sentimientos de amor y de ternura, habrás entregado herramientas para triunfar.

- Trabajas con entrega, piensas, sudas, sueñas, muestras tu interior. Impregnas los ambientes de energía.

- Puedes hacer de cada una de tus presentaciones una obra maestra, si trasmites a tu publico el deseo de colorear sus ilusiones con los tonos positivos de la alegría y el estímulo.

- Dedica tiempo a crecer por dentro, nútrete y los escenarios llenos y vibrantes serán parte de tu retribución.

- Amas las tablas, esto no admite triquiñuelas. Con razón tu público te cree.

- Cada persona que te ha visto actuar alguna vez se vuelve tu amiga, porque intercambias ideas y sentimientos.

- Debes ayudar a descubrir y a vivenciar el payaso que cada uno llevamos por dentro. Encontrarse da seguridad y afianza lazos de cercanía.

- Los payasos también lloran, sobre todo cuando los dejan solos en su difícil tarea de hacer reír.

- Quienes no tienen voluntad resuelta y siempre andan vacilando, pierden muchas oportunidades. Afortunado eres porque siempre has amado tu profesión.

- Si comprendiéramos la teatralidad de la vida como tú, siempre los papeles estarían muy bien interpretados.

- Tienes gran espíritu de servicio, Dios te cubra con su protección y te permita llegar a muchas personas.

- Haces el papel de ángel con todas las personas.

- Tus sueños fijaron una meta: hacer sentir. Grandioso momento para dar el valor que corresponde a la teatralidad de la vida.

- Si cada uno representamos bien nuestro papel, ahí estaría el mejor remedio para muchos males.

- La risa que logras producir, es como el arroyo limpio que se escurre entre las piedras; refresca, arrulla y da vida.

- Le pones corazón y manos limpias a tu profesión, dejas huellas y verdaderos sentimientos de sano goce.

- Los emocionados aplausos que ovacionan tu labor, son bálsamo para tus sinsabores.

3. Mes de ABRIL

DIA DEL CONTROLADOR TECNICO DE AUDIO
(1 de abril)

- Eres fundamental para que los radioescuchas disfruten a cabalidad.

- Ojalá tu labor eficiente y silenciosa sea recompensada.

- Mientras muchos disfrutan de los programas radiales, eres el faro que iluminas los momentos trascendentales.

- Debes permanecer muy atento para lograr la excelencia de las trasmisiones. Tienes como premio la satisfacción de tu desempeño.

- Eres siempre la cortina que ambienta. Tu espíritu inquieto propicia vida y alegría.

- Como sabes sincronizar todos los momentos, cada día se multiplica el número de radioescuchas.

- Sabes sortear dificultades en aras de un buen trabajo, cada día es un reto para ti. Llegarás a donde quieras.

- Tu actitud complaciente y solidaria mejora la calidad de vida de quienes comparten contigo.

- Como sabes multiplicar el tiempo y todos quedan satisfechos, la vida a ratos se te volverá una canción.

- Manejas a la perfección el lenguaje de las miradas. Grandioso, logras que todas ellas sincronizadas produzcan el milagro de una buena comunicación.

- Mientras los demás disfrutan de programas radiales, ambientas y das el toque decisivo a la comunicación.

- Tu silencioso trabajo, reporta grandes beneficios.

- Eres la nota decisiva en esa melodía en la cual se convierte un programa, cuando todo se da en el justo momento.

- Tu espíritu de servicio trasciende a todos los oyentes, aunque permaneces callado.

- Bajo tu sonrisa callada prosperan muchos programas.

- Llenas el instante preciso, para que la armonía dé la nota perfecta.

- En un abrir y cerrar de ojos, decides a la perfección y por consiguiente, los oyentes quedan satisfechos.

- Eres parte sustancial de tu empresa para que todo resulte como melodía deseada.

- Tu tranquilidad y pericia te ayudan cada día a salir adelante en tu labor callada.

DIA MUNDIAL DE LA SALUD (7 de abril)

- No te contentes con quejarte, haz algo por el bien de tu salud y la de los demás.

- La salud empieza en tu pensamiento y trasciende al bienestar de tu cuerpo.

- Cuando tu pensamiento y tu cuerpo están sincronizados, la buena salud fluye fácilmente.

- Cuida tu pensamiento, el cuerpo es fiel reflejo de tu sanidad interior.

- El cuerpo reclamará tu debida atención si lo descuidas.

- Regala alegría a tu vida y se fortalecerán tus defensas.

- Di muchas palabras cariñosas y propiciarás ambientes que estimularán la buena salud.

- Regala entusiasmo. Las personas necesitamos motivación y fuerza. Los sentimientos positivos dan salud y prolongan la vida.

- Saca el odio de tu corazón y empezarás a mejorar la calidad de vida.

- Regala perdón a la persona que te haya ofendido; luego sentirás plenitud. La paz da vida pródiga en salud.

- Comunica fe a la persona que se cree perdida; esas palabras se trasformarán en energía salvadora.

- No le quites a la gente las ganas de vivir, por el contrario, inyéctales, fuerza y salud.

- Todo cuando hagas por la salud de los demás, te lo pagará una vida larga y feliz.

- Tienes espíritu sano, transpiras salud, bondad, fuerza, ojalá quienes te rodean sean receptivos y se impregnen de tus sanas actitudes.

- Eres compasivo cuando adviertes los temblores del llanto causados por el dolor.

- La armonía del universo advierte cuando prodigas salud con tu sano quehacer lleno de positivismo.

- El remolino de la vida coge fuerza cuando propicias tus campañas llenas de bondad.

- Cada vez que promuevas tus sanas ideas, muchas esperanzas vuelven a vivir.

- Tu mano sana como rocío bienhechor, riega bondades y esperanzas.

DIA DE LA TIERRA (22 de abril)

- Sólo una férrea voluntad, logrará salvar a nuestro planeta Tierra.

- Se necesitan manos para labrar la tierra. Si la conociéramos la valoraríamos más.

- Por primera vez en la historia, las actividades humanas están alterando el clima del planeta entero. Si se reduce la emisión de gases de invernadero, es posible que mejore la calidad de vida.

- Autos, camiones y autobuses son fuentes de contaminación. ¿Qué herencia les dejaremos a las generaciones venideras?

- Así como el ozono disminuye en la atmósfera superior, así se debilita el sistema inmunológico humano. Cuidemos los árboles y las fuentes de agua.

- El uso y abuso de sustancias químicas contaminan nuestra agua, comida, aire y amenazan seriamente los ecosistemas de los cuales dependemos para vivir.

- Los plásticos, detergentes y aerosoles son contaminantes y riesgosos. Los componentes que utilizan en la producción de plástico son tóxicos.

- Debemos entrar en acción pronto, si continuamos talando y contaminando, en pocas décadas no quedarán árboles.

- Ahorra electricidad, esto ayuda a reducir la lluvia ácida, ésta destruye la vida animal, vegetal, daña los bosques y hasta corroe los edificios.

- Si usas una escoba y no una manguera para limpiar las escalinatas y las aceras, ahorrarás cientos de litros de agua.

- Usemos el sentido común: producir menos desechos y reciclar más.

- Ahorrar energía y agua salva a la tierra. Si se quema menos carbón, gasolina, petróleo y se ahorra electricidad, significa obtener los mismos servicios propiciando menos contaminación. Se debe ahorra el agua siempre, no sólo cuando hay sequía.

- Cambia tus estilos de vida hacia un equilibrio de la tierra y la humanidad te lo agradecerá.

- Si sólo cienmil personas pusieran fin a su correo basura, podríamos salvar cerca de cientocincuenta árboles cada año.

- Utilice un poco menos de detergente. Los fabricantes recomiendan más detergente del necesario. Les agrada el consumismo.

- La cocina es buen sitio para comenzar a integrar una conciencia ambiental en nuestra vida diaria. Usa recipientes reutilizables en lugar de papel de envoltura de aluminio o plástico.

DIA DEL GEOLOGO (22 de abril)

- Por algo eres de las personas sensibles comprometidas para proteger el más importante bien que poseemos: la tierra.

- Sé que conoces la fragancia inconfundible que expide la tierra mojada y que cada vez que llueve, te permites soñar con sus bondades.

- Tu sensibilidad terrígena te obliga en algunas oportunidades a amarrar el sentimiento y cerrar los ojos para no sufrir tanto, ante la acérrima inconsciencia en contra de nuestro planeta.

- Como estudioso de la tierra, tienes la memoria de ella y no dejas de soñar en que una vez conscientes los terrícolas, hagamos cuanto podamos por revivir a nuestro planeta.

- Sabemos que cada vez que te asombras ante los milagros de la madre naturaleza algo cansada de tantos maltratos, deseas ardientemente colaborar con ella.

- Las peladuras de la tierra causada por la erosión y las ramas resecas de los árboles te causan sed que ahoga, a veces por la impotencia de no ser entendido en tu deseo de ayudar a la tierra.

- Por tu saber, eres de las personas privilegiadas que están más cerca de los secretos que alberga la tierra.

- Cuanto la tierra crepita aturdida por el calor, algunas veces deja escapar lamentos de sequía y en la mayoría de los casos, ese abrigo sordo más una pródiga lluvia la vivifica y hace brotar con fuerza muchos retoños tiernos que te hacen extasiar de emoción.

- Cuando la canícula hace reverberar de calor la tierra, encuentras muchas razones y se te nota el loable deseo de ayudar.

- Su mirada sabia y pausada se detiene en las rocas y al comunicarte con ella, te encontrarás hablando en lenguajes de otros tiempos y de secretos milenarios.

- En algunas tardes cuando el sol de los venados parpadea sobre la cresta de las montañas, con seguridad sueñas con tantos misterios ocultos en el corazón de la tierra, unos de los cuales tú conoces.

- Cuando se va la tarde y sientes que el sol de los venados titila en su despedida y el aroma de la tierra se te cuela por los poros, haz una oración para que comprendamos cuánta riqueza inexplotada poseemos.

- Amas a la tierra, cuando hablas con ella, tu voz se asemeja al gorjeo de los pajaritos en el amanecer.

- Cada recodo de un camino, cada corte de una roca tiene para ti la fascinación de un encuentro deseado porque amas a la tierra.

- Cuando te detengas a mirar las piedras, tal vez ellas te quieran hablar para compartir contigo las alegrías y las nostalgias del pasado.

- Pedimos al padre para que puedas cumplir tu misión de sensibilizar los corazones a favor de nuestra madre tierra.

- Entiendes a la tierra, ayúdanos a orar para que vuelvan los ríos, los peces y la fertilidad.

- La palabra tierra tiene para ti el encanto de una magistral sinfonía cargada de notas, frutos y esperanzas.

- Nuestra tierra posee mil tesoros escondidos, gracias por ayudarnos a comprender su grandeza.

- Cuando detallas las rocas con sus formas y colores, se establece una comunicación armoniosa llena de risas, gestos, guiños y palabras milenarias.

- Cuando lees la quietud de las montañas te transfiguras de emoción, sentimientos y sabiduría porque las entiendes.

- El color y el olor del oro negro te dan referencias de muchos seres, vestigios y tiempos.

- El centro de la tierra puede comunicarse contigo, cada vez que tu pensamiento deambule por allí.

DIA DE LOS IDIOMAS Y DEL BIBLIOTECARIO
(23 de abril)

- Guías uno de los caminos que mejora la condición humana.

- Como eres amigo de los libros, muchas puertas se te abren cada día.

- A cada instante eres luz. Tu obra trasciende a la humanidad.

- Cada lector que ganes es un paso en favor de la humanidad.

- Que cada mirada de un lector agradecido, se convierta en energía positiva para transformar el mundo.

- Que cada palabra leída en tu biblioteca, se convierta en oración de alabanza por la paz del mundo.

- Ojalá tu siembra diaria, se convierta en salud y fuerza.

- Cada consulta que facilitas, es una obra que llega al corazón de Dios. Felicitaciones en tu día.

- Ese tiempo que regalas enseñando a aprender, se te convertirá en abundancia y felicidad.

- Cuando ayudas a encontrar una tarea, produces felicidad, esto es buena parte de tu éxito.

- Casi nunca te das por vencido ante las dificultades de tus lectores, con tu ejemplo enseñas la perseverancia.

- Con tu ejemplo has hecho comprender que nadie queda igual después de haber leído un párrafo.

- Alienta a los lectores a vencer el desánimo cuando no pueden solucionar rápidamente las dificultades.

- Abres los ojos de los lectores, ante nuevos horizontes del inmenso mundo del saber.

- Si logras despertar a tus lectores, comprenderán los lenguajes más sutiles.

- Las palabras leídas en los libros hoy o ayer son fundamentales para edificar el éxito. Felicidades en tu día.

- Ayudas a echar abajo las barreras de la ignorancia, indicas los caminos de la lectura que llevan a la sabiduría.

- En silencio orientas a los lectores para que se abran paso en busca del saber.

- Tienes el don de fomentar las aspiraciones de los lectores, hacia elevados ideales de prosperidad.

- Faltan mujeres y hombres que se enamoren de la lectura. Eres la persona clave para conseguir este reto.

- Como artífice de sabiduría de los lectores, ayudas a robustecer la voluntad, a disciplinar el carácter y cultivar el entendimiento.

- Fuera de que fomentas el necesario hábito de la lectura, enseñas a vivir.

- Esta época necesita mentes poderosas, corazones fuertes y manos diestras. La lectura afincará estos valores y tú eres el orientador.

- La sabiduría es amiga del buen lector. Eres luz en la consecución del saber.

- Al que no sabe, cualquiera lo engaña. Eres apoyo de lectores inquietos en busca de la verdad.

DIA DE LA SECRETARIA (26 de abril)

- Te desempeñas con dignidad y eficiencia. Ojalá la vida reconozca tu dedicación.

- Posees el don del servicio. Eres la nota amable cada día.

- Tu desempeño como embajadora, causa la mejor impresión que da nombre a nuestra empresa.

- Cada persona a la cual atiendes se lleva el mejor de los conceptos. Quien te trata una vez, nunca te olvidará.

- Siempre haces de la oficina, un sitio de encuentro inolvidable. Felicitaciones.

- Pones la nota alegre, cada día a tu encomiable trabajo.

- Tu sinceridad es el faro que ilumina caminos de servicio.

- Secretaria quiere decir secreto y prudencia, dos claves para el ejercicio excelente de tu profesión.

- La cordialidad y amistad con las cuales te desempeñas, rodean de positivismo el ambiente.

- La responsabilidad es el sello de tu desempeño. Felicitaciones.

- Cosechas grandes logros y satisfacciones porque el entusiasmo rodea tu desempeño.

- Tu misión exige cumplimiento y dedicación. Como tu desempeño es excelente, siempre estás rodeada de inmejorables amigos.

- Dejas huellas de tu desempeño pulcro y excelente.

- Tienes el gran don de la mediación, por consiguiente, siempre irradias tranquilidad.

- Eres noble y solidaria, por tanto, toda persona que acude a tu oficina, se lleva una muy grata impresión de la empresa.

DIA DEL TRABAJADOR VOLUNTARIO (27 de abril)

- La fortuna debe sonreír a las personas que como usted, hacen del servicio una profesión.

- Tu manera de pensar influye en cuantos te rodean. Has conseguido reorientar muchos caminos.

- Tu paz interior contribuye a que se tranquilicen, quienes te rodean.

- Cuando estás prestando tu desinteresado servicio, sabes manejar una especie de comunicación que es vivenciada a favor de la comunidad que diriges.

- Como eres tan positiva, provocas armonía en los demás.

- Eres afortunada, mucha gente necesita tu sabiduría.

- Tu trabajo voluntario es fuente de amor. Que ese caudal de servicio convertido en tesoro de humanidad se le revierta en salud y prosperidad.

- Tú tienes la dicha de trabajar, recuerda que mantenerte ocupada es el mejor remedio para no sentir el paso del tiempo

- Disfruta a plenitud la dicha de poder llevar a casa el sustento. Siempre que lo hagas con generosidad se obrará el miagro de la abundancia.

- Eres sembradora de concordia en tu trabajo. Podrás gozar de la fraternidad en tu familia.

- Trabajar con ahínco es hacer patria. Que el sudor de tu frente se convierta en prosperidad.

- Eres bondadoso, das trabajo, por eso Dios te bendice y fructificas tanto.

- Ojalá nunca te falte el trabajo, pero si llegase a suceder, haz acopio del valor que te quede, toca a otras puertas, alguna se te abrirá, no pierdas la fe.

DIA DEL NIÑO (28 de abril)

- Que todos tus sueños se hagan realidad.

- Ojalá cada vez que sonrías, se te cumpla uno de tus buenos deseos.

- Cada vez que contemples a la naturaleza, ella sonreirá contigo.

- Cuando puedas tocar a un animalito y lo mires a los ojos, toda la naturaleza vibrará de emoción.

- Cuida una planta, ella también se volverá tu amiga.

- Aprecia a tu mascota, es un regalo que te da la vida.

- Hoy, el cielo tendrá más estrellas para celebrar tu día.

- Los niños son el futuro del mundo. Su ternura llega al corazón de Dios.

- La risa de los niños llena el corazón del mundo.

- Que la mariposa de tu imaginación vuele muy lejos.

- Eres esperanza de la patria, vive, sueña, ríe.

- Eres tan dulce que hasta los animalitos te entienden. Felicidades.

- La risa de los niños es alabanza al Todopoderoso; que la felicidad sea tu compañera.

- Eres la semilla que germina y acrecientas en bondad el río de la vida.

DIA DEL BACTERIOLOGO (28 de abril)

- Tu labor callada y sabia ayuda a la optimización de la vida.

- Que el espíritu de la sabiduría te asista siempre en el desempeño de tu exigente profesión.

- Tu diligencia y concentración ayudan a salvar muchas vidas.

- Ojalá el cansancio no te doble cuando a gritos, alguien solicite tu mano amiga.

- Dios te asista en cada instante de tu desempeño.

- Que tu mente y tus manos ayuden en el gran servicio de alargar las existencias.

- Tu oficio cada día, es encontrar razones para vivir mejor.

- El mundo tiene los ojos puestos en tu profesión. Dios te guíe.

- Cuando te inquieten ciertos resultados, pide luz a Dios. Él está ahí para ayudar.

- Da gracias a Dios cuando puedas sortear con sabiduría situaciones difíciles que se presenten cada día.

4. Mes de MAYO

DIA INTERNACIONAL DEL TRABAJO (1 de mayo)

- Convierte el trabajo en oración alegre y la abundancia no se hará esperar.

- Bendice el trabajo, da pan, sosiego y seguridad.

- Aunque la paga te parezca escasa, no la maldiga, por el contrario, alábala, se te dará la multiplicación de los panes.

- Al empezar tu trabajo, bendice al Padre por tu salud, alegría y talento; esfuérzate y Dios se encargará de lo demás.

- La satisfacción de tu deber cumplido, será como un rayo de luz que iluminará tu senda llena de prosperidad.

- Ser excelente en tu desempeño, ha sido el distintivo que te ha hecho acreedora al respeto sincero felicitaciones.

- Tu trabajo eficiente y dedicado se ha transformado en alas que, elevadas hacia Dios, han traído incontables bendiciones a tu familia. Benditas sean tus productivas manos.

- Que tu trabajo esforzado y silencioso llegue al cielo y se convierta en lluvia para progreso de tu hogar.

- El susurro de tu ir y venir en busca de pan y tu sudor, sean la sabia nutricia en la admirable construcción de tu porvenir.

- Cada acción tuya convertida en letanía, le estará recordando al Padre, tu esfuerzo y dedicación.

- Cuando a pesar de tu denodada entrega en el diario desempeño, sientas la angustia de perder tu pan, busca a Dios. Él siempre te dará lo mejor. Ten fe.

- El trabajo aleja la tristeza y tenerlo ahora es un verdadero premio. Trabajar es orar y a la vez distraerse. Hoy, tienes qué hacer, recógete y da gracias.

DIA DEL VETERINARIO (10 de mayo)

- Cada vez que lees las actitudes de los animales, te sorprendes al encontrar más de una razón.

- Fomenta el amor a los animales, son ejemplo de bondad.

- Cuando se tiene la inteligencia animal no es difícil comprenderlos.

- Los animales no hablan, pero, se hacen entender, basta con mirarles y comprenderás más de un mensaje.

- La fidelidad de los animales es ejemplo para los humanos.

- Quien ama a los animales puede perfectamente, amar a sus congéneres.

- Las personas que atienden a las plantas, a los niños y a los animales tienen gran sencillez y capacidad de amar.

- Tu esforzado trabajo tiene la compensación de sentir que has cumplido con la optimización de la naturaleza.

- Dios te dé la sabiduría necesaria para atender a seres que a pesar de no saber hablar, se comunican.

- Tu voluntad y constancia se trasluce en el progreso de los animales a los cuales les pones tus manos.

DIA DE LA ENFERMERA (12 de mayo)

- Tienes la gran capacidad de fortalecer con una sonrisa, a tus pacientes agobiados por el dolor.

- Eres bálsamo para el sufrimiento. Dios te guíe.

- Tu delicadeza suaviza momentos de tristeza y desconsuelo.

- Tu profesionalismo impregnado de sensibilidad, alivia muchas dolencias.

- Ser enfermera, es leer el corazón humano para aplicar dosis de valor cada vez que sea necesario.

- Ser enfermera, es poseer manos que dan calor, afecto y fortaleza.

- Una mirada llena de bondad, alivia verdades que maltratan los cuerpos y da fuerza a las almas para afrontar el dolor.

- Las manos de las enfermeras están hechas para dar alivio y regalar la primera caricia al recién nacido.

- Tus pisadas silenciosas siempre van en pos de hacer el bien.

- Tienes el don de ayudar a enfrentar momentos supremos.

- El profesionalismo en tu desempeño, es seguridad en la consecución de una excelente salud.

- El espíritu de servicio ha sido el secreto de tu éxito.

- Dejas siempre el mejor de los recuerdos, en la mente de tus enfermos.

- El amor que le pones a tu desempeño, te ha transformado en ángel de bondad.

- Con tus atenciones y dedicación, consigues pronta mejoría.

DIA DEL ESTADISTA (12 de mayo)

- Toda profesión necesita una mujer o un hombre que tenga principios.

- El país necesita un líder de calidades, valiente y equilibrado.

- Grandioso sentirse gobernado por una persona preparada y cuya academia no le impide vivir las cosas sencillas de la vida.

- Valiente el estadista que denuncia los perjuicios que le causan a su pueblo. Es causa de admiración su fuerza moral y su valor civil.

- Es usted un maravilloso estadista cumple con admirable hombría.

- El valor siempre es digno, enhorabuena por sentirnos tan bien representados.

- Valor es victoria. ¡Adelante No hay peor empresa que la que no se emprende!

- Como nada es imposible a una persona de voluntad, esperamos que saque adelante a nuestra patria.

- Desde que un líder obre con limpidez y se proponga llegar a la meta, todo se apartará para abrirle camino.

- Con mucha fe, sabiduría y paciente labor ha logrado convencer. Su señorío es notable ejemplo de energía, tenacidad y positivismo.

- Nada tiene de extraño que una persona de sus calidades, se abriera paso para hacer crecer a la patria.

- Ha aceptado la realidad de la patria; su férrea voluntad de ayuda a superar los obstáculos que tratan de cerrarle el camino.

- Tiene clara inteligencia y acción constante, ya vemos cómo empieza a recoger los frutos.

- Como persona eminente se distingue por sus sabias decisiones, el ser tan voluntarioso le da la fuerza necesaria para triunfar.

DIA DE LA MADRE (12 de mayo)

- Tu dulzura ha sabido disimular muchos sinsabores.

- Ante las dificultades, tienes el maravilloso don de hacer florecer las soluciones.

- Tu regazo es el mejor portento de valor para las penas.

- Mirarme en tus ojos madre, es la mejor sensación de ternura y comprensión.

- Cuando me escuchas, se abrirá el corazón acongojado.

- Sus sabias e incansables manos ayudaron a tejer mis sueños.

- Quiero compartir contigo las metas alcanzadas. Gracias por no cortar las alas de mis sueños.

- Una mirada basta para comprendernos. Todo lo demás es comunión de pensamiento.

- Siempre tu corazón está abierto a la esperanza de tus hijos.

- Perdona mis ausencias. Nunca podré recuperar el tiempo. Ahora sé qué representas para mí.

- Eres luz y guía en el camino de tus hijos. Dios prolongue tu existencia.

- Eres fuerza misteriosa e induces a obrar el bien.

- Tu mano prodigiosa es salvífica, quita los abrojos de mi senda y haces que olvide mis penas.
- Eres un muro amoroso de silencio, donde están ocultas todas mis cuitas y alegrías.

- Me das fuerzas, eres mi amparo, mi sombra y mi bien.

- Al invocar tu nombre, mi vida se convierte en faro luminoso de esperanza.

- Madre cuando el mundo me maltrata y lastima, con solo nombrarte, mi dolor declina.

- Allá donde te busque un corazón doliente, estás pronta a responder, con el más puro sentimiento.

- Tu vida es amor y para el bien nunca te hallas cansada.

- Sin ti el hogar está vacío, entonces allí se siente mucho frio. Perdona mi ausencia, pronto estaré contigo.

- Tu amor desinteresando y sublime es la fuerza que abriga nuestro nido.

- Eres signo de redención cuando fieros nos acechan los dolores, sabia los conviertes en canción de alegría auguras días mejores.

- Madre querida siempre eres mi consuelo, con este mensaje reverente te vuelvo a recordar lo mucho que te quiero.

- Eres como el sol, das vida y calientas cuando se siente el frío de las penas.

DIA DEL MAESTRO (15 de mayo)

- Cada vez que te comportas como alumno, eres verdadero maestro.

- La única manera de aprender es enseñar. Gracias por su cercanía.

- Maestro sabes inspirar sentimientos de ternura. Dios premie tu bondad.

- Gracias por escuchar con paciencia nuestras inquietudes.

- Tu amor por la docencia es como una guitarra. Tu música cesa cuando callas, pero tus cuerdas estarán ahí para cuando enseñes de nuevo.

- En este mundo cambiante, el progreso pertenece a los que siguen aprendiendo de maestros como tú.

- Las enseñanzas más hermosas son las que llegan sin esperarlas. Tienes el don de la comprensión.

- Que tus enseñanzas regadas con risas y valor, hagan florecer todas tus metas.

- Con tus consejos nos diriges hacia la sabiduría, gracias por ayudarnos a encontrar la luz.

- Siempre envuelves en bondad tus sugerencias, por lo tanto, bien aprendo y te profeso gratitud.

- El deseo de aprender allana dificultades y con un guía como tú, llegaré lejos.
- El entusiasmo con que te desempeñas, es vital para engrandecer tu ejercicio docente.

- La vida estudiantil es llevadera cuando se comparte con maestros de tus calidades.

- Disfrutas enseñando a tus alumnos, es el camino de tu felicidad.

- La docencia es el sacramento de tu vida, tus alumnos son altares en donde tus enseñanzas se convierten en oraciones.

- Cada día eres una plegaria al servicio incondicional de tus alumnos.

- Tienes alas para volar en pos de tus alumnos y les enseñas la rectitud y la sabiduría para no extraviar el camino.

- Dedicas bien tu tiempo a orientar a tus alumnos, es el precio de tu progreso.

- Inviertes bien tu tiempo ayudando a tus alumnos, la vida será pródiga contigo y tus seres queridos.

- Se necesita mucho amor para ser maestro, ésta es la clave de tu profesión.

- Tu palabra bondadosa siempre acierta a suavizar el camino.

- Eres luz que ilumina nuestra clase y con tu sabio desempeño, fortaleces los corazones.

- Como eres amable y considerado con todo el mundo, los alumnos buscamos siempre tu compañía.

- Tienes el gran don de guiar, instruir y apaciguar, la humanidad te recordará.

- Maestro: siempre te hemos visto como paradigma de bondad, responsabilidad y cercanía.

- Como el amor ha sido tu ley has podido cosechar afecto, seguridad y progreso.

DIA INTERAMERICANO DE LA TELECOMUNICACION (17 de mayo)

- Eres artífice para comunicar el mundo.

- Mientras todos descansan hay personas que como tú, estás ahí pendiente del mundo.

- Eres señal, mensaje y progreso.

- Muy difícil sería este momento sin tu ayuda.

- Encuentras razones y actúas con diligencia para mantener conectado el universo.

- Tu dedicación y empeño salvan situaciones, vida y progreso.

- Bien conoces los sonidos característicos de la excelencia. Siempre estás ahí.

- Como no puedes desconcentrarte nunca, tu desempeño es maravilloso.
- La exactitud y eficiencia son tus dones en ésta tu exigente profesión.

- Tu desempeño de vigía sólo te permite la eficiencia. Te deseo la mejor de las suertes.

- El mundo sigue su curso, mientras hay personas, como tú que están ahí para que toda la comunicación funcione de maravilla.

- Las telecomunicaciones han obrado grandes adelantos. El concurso de las personas como tú, colabora decididamente en que esos prodigios sirvan a la humanidad.

- Los avances conseguidos en el terreno de las telecomunicaciones nos recuerdan de manera palpable, las maravillas de nuestro tiempo. Estás inmerso en esta cadena de éxito. Felicitaciones.

- Convéncete de que tu lugar en la sociedad es de suma importancia.

- Como un canal, permites en instantes que estén conectados muchos pensamientos.

DIA DEL COMERCIANTE (23 de mayo)

- El espíritu de servicio con que desempeñas tu profesión, hace que se multiplique todo cuanto pase por tus manos.

- El camino más seguro al progreso, es la bondad y el agrado sincero con los cuales ayudas a tus clientes.

- Mereces salir adelante, una persona tan positiva y alegre tiene la suerte a su favor.

- Eres una manifestación de Dios, tienes madera de buen vendedor y voluntad de acero, sueña y todas las metas se te darán.

- Ten fe, eres pensamiento, ora, Dios te escucha puedes llegar a donde desees.

- Das trabajo, eres fuente de prosperidad; el dinero en su camino por el mundo debe ayudar al bien de la humanidad.

- Sé paciente, no te ofusques; la abundancia está en tus manos, en tu mensaje y en tu proceder.

- Como eres tan amable, te prefieren. Que la vida sea generosa contigo.

- La mejor publicidad son los clientes satisfechos. Ya comprendiste cuál es la razón de tu éxito.

- Como eres equitativo en tus ganancias, la prosperidad se te multiplicará siempre.

- Los haberes están en las mentes. Eres próspero porque tu bondad todo lo transforma.

- Como atiendes con toda dedicación, cada comprador es tu mejor publicidad.

- Cada cliente tuyo vuelve por esa parte de amor que ofreces con bondad.

- Cuando vendes se te nota el gran espíritu de servicio que posees.

- Todo cuando merece tu atención, se multiplica. Enhorabuena por esa gran suerte.

5. Mes de JUNIO

DIA INTERNACIONAL DEL NIÑO (1 de junio)

- Cada vez que sonrías la naturaleza lo hará contigo, ojalá el entorno te proporcione todo lo necesario para que crezcas y viva feliz.

- Si tu corazón de niño vibra al estar cerca de los animalitos, serás más amable, generoso y tierno.

- Si observas detenidamente a los animales podrás aprender mucha ternura para la vida.

- Lee, deja tu mente soñar y serás sabio.

- Tienes derecho a la felicidad, ojalá se te den todas las mejores oportunidades.

- Dios cubra tu imaginación que es una fábrica de sueños.

- Tu alma limpia siempre pueda transparentar a través de lo que digas, todo aquello que sientas y pienses.

- Es grandioso observar cómo te gusta vivir a plenitud; ojalá tu entorno te llene de amor, fraternidad y verdad.

- En cada abrazo entregas tu inocencia y el inmenso deseo de ser amado y comprendido. Enhorabuena por tu existencia.

- Tus cálidas risas y el tono de tu voz se quedarán grabadas por siempre en el corazón de las personas que tanto te amamos.

- Aunque los niños sientan que los amamos, es necesario repetírselo a cada instante y así fortalecerán su autoestima.

- Los niños más fuertes y sanos han sido criados con mucho amor, el brillo de tus ojos y tu alegría confirman lo pródigo de tu vida.

- Hoy me agrada repetirte que eres la razón de nuestra familia. Dios nos permita disfrutar siempre de tu bella cercanía.

- Cada día es un acontecimiento glorioso el poder contemplarte sano y feliz.

- Cada vez que pueda te repetiré al oído lo mucho que necesitamos tu inocente presencia.

- Eres un angelito de alegría, por donde vas siembras bondad, bienestar e inmensos deseos de vivir.

- Que tu Ángel de la Guarda con sus alas te cubra y guie sabiamente tu camino.

- Que tus pasos inocentes estén surcados de logros y felicidad.

- El Dios Todopoderoso siempre cubra tu vida inocente, te dé salud y felicidad.

- Ojalá tus ojos inocentes siempre se encuentren con miradas tiernas de amor y de fraternidad.

- Nunca olvidaremos tus juegos llenos de alegría, ternura y amor.

- Cuando haya pasado el tiempo, tu infancia llena de risas y ocurrencias quedará como lindo recuerdo de tantas horas felices.

- Nunca olvidaré el olor de esos besitos con sabor a inocencia de ángeles.

- En el espíritu de Dios está escrita la felicidad que nos ha proporcionado tu bellísima presencia.

- Cada vez que te abrazo con ternura, siento que tu corazoncito inocente me dice "te amo".

DIA DEL MEDIO AMBIENTE (5 de junio)

- Gracias por ayudarnos a recuperar el amor y la solidaridad hacia la naturaleza.

- Ábrete paso en la protección de la naturaleza, el mundo te agradecerá.

- La belleza es una forma especial de mirar, lee la naturaleza y podrás comprenderla un poco.

- Para ti nada ha sido imposible, cuando se trata de proteger la naturaleza.

- Tu indomable voluntad te abre paso para defender a la naturaleza.

- Como siempre piensas que todo es posible, logras tus objetivos.

- Siempre tienes tu voluntad resuelta a favor de la naturaleza, por consiguiente, puedes vencer todo obstáculo.

- Siempre defiendes a la naturaleza, la humanidad te lo agradecerá.

- Personas valiosas como tú, han hecho cuanto han podido a favor de la naturaleza porque se atrevieron a empezar.

- Nada se te ha hecho imposible en la defensa de la naturaleza, porque tu espíritu es grande y tienes una férrea voluntad.

- En tu decidida y limpia brega por el medio ambiente, todo se aparta para abrirte paso.

- Con paciente labor y mucha fe, has alcanzado el noble propósito de hacer amar a la naturaleza.

- Cuanto mayor ha sido tu voluntad mayor ha sido tu éxito en la defensa de la naturaleza.

- Los hombres y las mujeres somos dueños de nuestros destinos y del ambiente. Tienes el don de sensibilizar.

- Desde que elegiste el alto propósito de proteger el medio ambiente, se ha multiplicado tu fuerza.

- Has hecho comprender que la naturaleza derrama bendiciones y alivia al hombre con sus maravillosas fuerzas.

DIA DEL CAMPESINO (10 de junio)

- Tu amabilidad y sencillez son dones que han logrado doblegar a muchos corazones rudos.

- Que el sol fertilice tu tierra y el agua prodigue el alimento para que los frutos no se hagan esperar.

- Que la paz llegue al campo y se nos permita ver que allí también crece el amor y la libertad.

- Dios te cubra y te libre de las acechanzas de corazones poco nobles.

- Que el Todopoderoso, te dé salud, felicidad y prosperidad a tu labranza.

- La tierra es tu pan, ojalá puedas sembrarla y cosecharla en paz.

- Que la paz te rodee siempre y puedas sembrar la tierra para bien de tu pueblo.

- Ojalá todas las generaciones reconozcan el inmenso valor que representa el campesino.

- Que en cada semilla sembrada por tus manos bienhechoras se dé la multiplicación de los panes, para el bien de nuestra comunidad.

- Que Dios te deje disfrutar a plenitud, la grandeza de ver florecer y frutar tu labrantío.

- Que Dios te dé la fuerza suficiente y la protección en tu dura labor, con la cual ayudas a fortalecer a la humanidad.

- Que tu corazón limpio pueda vivir hacer florecer esa tierra a la cual amas tanto.

- Que la naturaleza sabia sea siempre amiga y madre providente.

- El olor de tu tierra, sea siempre un mensaje de abundancia, paz y fertilidad.

- Ojalá el sudor de tu frente se convierta en salud y fuerzas y puedas seguir tu camino lleno de fe.

DIA DEL PADRE (16 de junio)

- Siempre estás ahí, gracias por permitir que te sientas no sólo mi padre sino mi hermano.

- El pan que traes a casa tiene el sabor inconfundible del amor. Dios te guarde.

- En las horas de frío he sentido tu abrazo amigable y tu palabra oportuna.

- El valor, el tesón y la comprensión que irradias en nuestro hogar, son los puntos de encuentro y las fortalezas con las cuales recorremos nuestros caminos.

- Cuando hay dificultades en casa, eres la luz que ayuda a encontrar soluciones.

- Nunca olvidaremos la pericia con que ayudas a disimular imprevistos y momentos difíciles.

- Eres bálsamo tibio que tranquiliza y das seguridad. Dios nos lo conserve muchos años.

- Has sido artífice de prosperidad y ese feliz ejemplo empieza a dar frutos. Estamos orgullosos de ti.

- Nunca te has arredrado ante las dificultades; como eres hombre de retos, asombrados advertimos que cumples las metas propuestas.

- Sabes guiar nuestros pasos en busca de la superación. Ante un paradigma de tales calidades sólo queda la opción de progresar.

- Tu ternura crea felicidad en el hogar. Ojalá podamos disfrutar de ti durante muchos años.

- Tienes el don de apaciguar a los espíritus, inspiras mucha paz. Enhorabuena somos tus hijos.

- Nos correspondió en suerte compartir contigo como padre. Una palabra tuya surte el efecto de antídoto contra las preocupaciones.

- Tienes a flor de piel la gran capacidad de sembrar optimismo, alegría y fuerza; debes tener por dentro toda la energía positiva y el más grande amor del mundo.

- Tu cordialidad te ha merecido toda nuestra confianza y el afecto respetuoso de incontables amigos.

- Tu trato comprensivo, alegre y sincero deja marcada huella en las personas que tenemos la dicha de vivir contigo.

- Te interesas verdaderamente por tu familia; eres apoyo, pan y calor. Grandioso contar contigo.

- En el santuario de nuestro hogar, enseñaste a conocer a Dios. Él es la luz, la verdad y la vida y tú esa mano sabia que con paciencia has orientado los pasos.

- Aprendiste a ser feliz y a hacer felices a los demás, gran mandamiento de prosperidad y bienestar.

- Como tienes tan buen corazón, das a manos llenas y por ello cada día se obra en ti la prosperidad, no sólo en bienes materiales, sino en paz y armonía para nuestro hogar.

- Gracias por darnos la vida y armarnos tanto.

- Gracias por el legado de rectitud que ahora y siempre orientará nuestras vidas.

- Gracias porque siempre has sido vida y luz en cada paso que damos.

- Gracias por mantenernos unidos.

- Hoy estarás feliz por el jardín de amor que nos rodea.

- Hoy es un día grandioso porque todavía podemos recibir tu calor y tus caricias.

DIA DEL HIGIENISTA DENTAL (17 de junio)

- Constituye para ti una fascinante labor, utilizar las técnicas necesarias para optimizar la calidad de vida.

- Cooperas en el fortalecimiento de la salud dental, por consiguiente, ayudas a prolongar la vida.

- Tu labor concienzuda despierta la autoestima, da confianza y mejora la salud.

- Cuando todo el pueblo aprenda tu lección, sonreirá el universo.

- Tú estás contribuyendo directamente en el mejoramiento de muchas personas.

- Eres portador de una buena noticia de salud, para todas las personas que se acercan a ti.

- Naciste para hacer el bien, el testimonio lo dan las sonrisas que propicias.

- Tu importante papel te exige poder comunicar experiencia a quienes buscan tu ayuda. Éxitos.

- Ayudas a adquirir conocimientos y confianza.

- En el ejercicio de tu profesión, das razones válidas para vivir mejor.

- Desarrollas en tus pacientes las motivaciones necesarias para descubrir el valor de tesoros que permanecen ignorados.

- Inculcas el qué, cómo y cuándo actuar para preservar saludable la dentadura. Agradecidos.

- Ayudas a familiarizarnos con elementos que prolongarán la vida útil de los dientes. Tu acción afecta positivamente a la humanidad.

- Las oportunidades que tienes para hacer el bien, redundarán en tu progreso y felicidad.

- Eres luz, responsabilizas a tus pacientes en la consecución de salud y bienestar.

DIA DEL ABOGADO (22 DE junio)

- Que la bondad de tu corazón siempre esté presente cuando interpretes la letra de la ley.

- Ojalá nunca tu interés personal sesgue la sabiduría de tus decisiones.

- Eres justo, lo demás vendrá por añadidura.

- Tu mano limpia siempre dará a Dios lo que es de Dios al César lo que es del César.

- Los juicios limpios siempre han sido la impronta de tu vida.

- Estás sintonizado con el sagrado deber de impartir justicia, que el Todopoderoso te guíe.

- Tienes muy clara tu misión. Acógete a Dios para seguir la recta senda del deber.

- Que los abrojos del camino, nunca logren bloquear tu voluntad.

- Contribuyes a la armonía universal con tus sabias decisiones.

- Es esos momentos difíciles, siempre has obrado con ecuanimidad y justicia.

- Estoy orgullosa de tu comportamiento. Dios te guarde.

- Eres paradigma de equidad, puedes levantar tu frente. Felicitaciones.

- Haces honor a tu profesión.

- Cuando profesionales como tú dan lustre a la justicia, el corazón de los pueblos vuelve a confiar.

- Dios te cubrirá cuando tomes tus decisiones, porque Él sí conoce la bondad y justicia del corazón.

DIA DEL ZOOTECNISTA (22 de junio)

- Fuiste enviado al mundo para ayudar a los animales. Ellos son ejemplo de amor.

- Tienes la tarea de velar por los animales, lleva consigo esfuerzo. Tu premio es verlos prosperar.

- Como amas a los animales, tu tarea es una cadena de compensaciones.

- Tu contacto con los animales es tan fructífero como el de la levadura con el pan, hacer crecer.

- Eres punto fundamental en el crecimiento de los animales.

- Quien ama a los animales ama a todo el mundo. Te felicito.

- Tu mano cariñosa, ayuda, da confianza y abrigo a los animales.

- Como desempeñas tu tarea con entusiasmo, los animales te responden positivamente.

- Tu entusiasmo equilibrado por los animales, logra superar los momentos de adversidad.

- Inculcas amor por los animales, con ello contribuyes sensibilizar los espíritus.

- No te sorprendas por las angustias que debas pasar por los animales. Son parte de tu responsable profesión.

- No te desalientes ante las dificultades que tengas con los animales, míralos, enfréntalos, compréndelos, son señal de que vas por buen camino.

- Como miras con simpatía a los animales y a sus dueños, eso te ha ayudado a merecer confianza.

- Personas como tú, dotadas de optimismo y alegría, descubrirán magnificas ocasiones de trabajo en favor de los animales.

- Tú personalmente, te has convertido en colaborador de la naturaleza, con la noble tarea de mejorar la vida de los animales.

6. Mes de JULIO

DIA DEL COOPERATIVISMO (2 de Julio)

- En su día, recordamos lecciones que enseñan a vivir.

- Eres gestor en la formación de un nuevo elemento humano, de condiciones morales y cívicas ponderables.

- Amigo cooperador: agradecemos su desempeño, por difundir principios que fomentan la igualdad de oportunidades para todos.

- Gracias por hacernos entender que como socios, todos somos importantes.

- La cooperación nos ha hecho entender que todo lo podremos conseguir unidos.

- Has gestado transformaciones. Comprendimos que unidos podremos dignificar la vida.

- Apreciado socio: nuestro servicio puede ser el punto culminante de una gran realización.

- Fortalezcamos el espíritu de servicio que es cooperación y con ello estimularemos la convivencia y la fraternidad.

- La unión permanente de la familia, es la base del espíritu de cooperación que trascenderá al bienestar común. Eres paradigma de servicio.

- Sabes orientar a los socios, hemos comprendido que el trabajo es ley de cooperación social.

- Vives y haces vivir el tema de la doctrina cooperativa: "todos para uno, uno para todos".

- En este día especial recordamos el ideal del cooperativismo: "que todos los socios somos iguales".

- El trabajo es el más elocuente ejemplo de cooperación. Felicitaciones por su gestión a favor de nuestra institución.

DIA DEL ECONOMISTA (3 de Julio)

- Eres maestro que estudias y aplicas la forma en que la humanidad organiza sus actividades de consumo y de producción. Felicitaciones.

- Conoces la ciencia que nos afecta a todos emocionalmente. Gracias por ayudarme.

- Tu profesión necesita hombres y mujeres que no pierdan su temple, que sepan mantener sus convicciones, aunque el mundo entero sostenga lo contrario.

- Admiramos tu amplio espíritu porque no miras las cosas unilateralmente y aplicas tu sentido común a las diversas teorías.

- Prefieres lo real a lo aparente. Eres equilibrado en tus juicios.

- Como eres sabio, íntegro, receptivo y profesional, la economía llena buena parte de tu vida.

- La ciencia que manejas enseña a vivir.

- La ciencia económica que enseñas no sólo atiende al cuerpo, sino que forma al hombre.

- Eres competente en tu oficio, has logrado crear tu espacio, el destino te favorecerá.

- La influencia de tu éxito se extiende a tu alrededor.

- Eres diestro en la ciencia de la modernidad.

- La sana aplicación de tus conocimientos hace pensar y cambiar a miles de personas.

- Tu cuidadoso y persistente análisis de la economía les reporta bondades y previsión a las comunidades.

- Como prestas gran atención a los pormenores de la economía, tienes ojo avizor, por consiguiente, nada te cae de sorpresa.

- Cual avezado timonel, guías el barco de la economía.

DIA DEL DIBUJANTE (4 DE Julio)

- Aprovechas toda oportunidad que te da la vida para perfeccionar tus aptitudes.

- Las circunstancias adversas nunca han vencido tu voluntad para seguir adelante en tu arte.

- Como no crees en lo imposible, has podido llegar a muchas metas.

- Eres ejemplo patente de valor para aprovechar las oportunidades que te ha proporcionado la vida.

- Tu firmeza de voluntad te permitirá saborear el éxito.

- El anhelo por prepararte dio el valor suficiente para que resistieras las adversas circunstancias.

- Eres una fábula viviente de arte y perseverancia.

- Todo cuanto tus manos tocan, adquieren vida y belleza.

- Tienes el don y la agilidad de aprovechar cualquier mensaje para darle vida con tu arte.

- Con tus propias manos, no sólo apartas los obstáculos del camino, sino que los domeñas y los haces florecer a tu favor.

- La fortuna te sonríe, porque nunca te asusta el desafío que te presenta la vida cada día.

- El talento vale tanto como la voluntad. Posees estos dones, llegarás a donde quieras.

- Eres artista valiente, luchas con empeño para llegar al fin que te has propuesto.

- Con tu voluntad y dedicación pisoteas los obstáculos y provocas las ocasiones. La vida te está dando la razón.

- Los sinsabores despertaron tus esperanzas y tu arte y fuerza de voluntad te han propiciado logros merecidos.

- Las herramientas se templan al fuego y el artista al filo de las dificultades.

DIA DEL PANADERO (13 de Julio)

- El esfuerzo es la fuente principal del progreso humano. Tu trabajo dignifica y provee las mesas del mundo.

- Tus manos laboriosas convierten la harina en exquisito manjar.

- Que se obre la multiplicación de los panes en su bien ganado salario.

- Sabes cuál es el significado de las espigas, por eso en tus manos crece la harina que convierte en pan calmará el hambre.

- La palabra pan huele a trigo, da tranquilidad cuando está al alcance y tiene el tinte de la desesperanza cuando sólo se queda en el deseo.

- La boca es como un horno cuando pronuncia la palabra pan con intención ardiente que sofoca el hambre.

- Produces el pan palabra mágica para el niño, el hombre, la mujer y los abuelos.

- Que tus manos bienhechoras multipliquen el pan que es vida, valor y paz.

- Amas la palabra pan porque es tu sustento.

- El panadero ama la palabra pan porque es la imagen de su mundo, y cuando la pronuncia, aunque no se dé cuenta participa de la optimización del universo.

- La palabra pan está más cerca de todos, la entendemos blandamente y huele a abrigo hogareño.

- Haces que la harina convertida en pan, trasponga el límite de la piel y se transforme en torrente de vida.

- La palabra pan como punto de encuentro, atrae y reclama tranquilidad, calor y convivencia.

- Mientras quede vida, todas las mesas del mundo tendrán un lugar especial para un manjar exquisito llamado: pan.

DIA DEL TRANSPORTADOR (16 de Julio)

- Ten paciencia, eres responsable de muchas vidas.

- En los momentos de cansancio, haz acopio de las fuerzas y no te desconcentres.

- Si usted es bondadoso con sus pasajeros, no sólo será feliz, sino que mejorará la vida de los demás.

- No te angusties porque pierdes vida y pones en peligro la de los demás.

- El mundo moderno te exige mucho. Mantén la concentración, esto te ayudará.

- Todo está en tu mente, tranquilízate y te alcanzará más el tiempo.

- Cada día ofrece a Dios tu trabajo. Él te ayudará.

- Cuando el cansancio te doblegue, haz acopio de tu atención y fuerzas, podrás seguir.

- Centra tu atención, no puedes distraerte.

- Que en tu trabajo se obre el milagro de la abundancia.

- Tienes el don de ser paciente, esto te ayudará a disimular los sinsabores de tu profesión.

- En los días difíciles, mantén la calma.

- Que Dios te dé el don del discernimiento cada vez que se te presente un problema.

- Ojalá cada día cuando termines el trabajo, te halles satisfecho del deber cumplido.

- Dios cubra tu vehículo, es tu pan y tus pasajeros son carga preciosa.

DIA DEL BODEGUERO (19 de Julio)

- Cuida tu fuerza, es parte vital de tu trabajo.

- La flaqueza no tiene espacio en tu dedicado trabajo. Es la alegría fuente de energía que te ayuda a seguir.

- Ayudas a proveer comodidad, contribuyes al bienestar de la humanidad.

- Como vives satisfecho con tu trabajo, cada vez que acarreas artículos, estos también se llenan de energía.

- Como la abeja liba miel de las más humildes flores, también tú consigues abundancia por medio del oficio que desempeñas.

- Cada día disciplinas tu voluntad, obligas tu cuerpo a servir.

- Te has abierto paso en la vida por medio de tu inteligencia y tu fuerza. Felicitaciones.

- Tenacidad y energía son cualidades que te adornan.

- Orientas la brújula de tu fuerza hacia la esperanza de mejorar tu calidad de vida.

- Sólo la entereza de su carácter lo ha capacitado para llegar hasta hoy.

- La persona tenaz como usted lleva en sí misma la fuerza, sin necesidad de decir: ¡Aquí estoy!

- Tienes fe en tus habilidades, éstas te dan excelente respuesta.

- Tiene usted las tres condiciones más importantes de las personas fuertes: trabajo, paciencia, perseverancia.

- Cada día bregas en la consecución del sustento, por ello tu pan se multiplica.

- Día por día se multiplican tus fuerzas y tus habilidades.

7. Mes de AGOSTO

DIA DEL EJERCITO NACIONAL (7 de agosto)

- Como nunca piensas que una cosa es imposible, has logrado conseguir muchos triunfos. La timidez es derrota, el valor es victoria.

- El valor siempre es digno. La patria los necesita y Dios cubrirá sus caminos.

- Nunca has quebrantado tus promesas. Tienes fuerza moral, admiramos tu temple.

- La serenidad, el sentido de previsión y tu fe en el Todopoderoso han sido fundamentales en tu brillante desempeño. Felicitaciones.

- El sentimiento del deber para con la patria, es el sello que identifica sus acciones. Congratulaciones.

- Dios le recompensará el haber defendido a la patria.

- La unión es la paz y la victoria. La división es la derrota. Unidos dan imagen y seguridad. Ahora más que nunca el país los necesita fuertes.

- En medio de este océano de esperanzas, pedimos al Todopoderosa que los asista e ilumine.

- El sentimiento de patria que conmueve poderosamente las fibras del corazón, los hace animosos en los peligros, emprendedores y activos hasta el entusiasmo y capaces de las mayores empresas y de los mayores sacrificios.

- El brío y el denuedo con el que bregan en la consecución de la paz y de la dignidad de la patria, serán revertidos en gloria y progreso.

- En el día grande de la patria, congratulaciones para nuestros héroes.

- Que la Virgen, como protectora magnánima cubra con su mano las buenas acciones que darán sosiego a nuestro país.

- Que las coronas inmortales sean concedidas y disfrutadas por tantos logros obtenidos con entusiasmo, limpidez y valor.

DIA DEL NUTRICIONISTA (11 de agosto)

- Sabes el arte de prever una buena salud para un mejor futuro.

- Ayudas a cuidar y a prolongar uno de los mejores dones de la vida: la salud.

- Eres artífice para conservar la salud y la belleza.

- Orientas para encontrar salud y alegría en el vivir.

- Tu gran responsabilidad es generar personas con mayor capacidad de comprender los problemas del mundo.

- Sabes compaginar el valor nutritivo y el gusto de los alimentos. Tu exigente profesión mejora la calidad de vida.

- Sabes el papel que desempeña el gusto en el aplacamiento del hambre.

- Enseñas que el alimento físico, no se limita a las partículas materiales. Si es preparado con espíritu de ofrenda se torna, en vehículo de armonía y de vida.

- Predicas y aplicas la sutil química del amor por la comida, das a los alimentos propiedades incalculables que nutren de verdad.

- La energía sigue al pensamiento. Enseñas a vivir la energía equivalente al alimento.

- La salvación es la vida que trabaja sobre el alimento. Es todo un proceso que orientas a favor de la vida mejor.

- Enseñas a recapacitar sobre el alimento para recuperar la fuerza.

- Mejoras la calidad de vida, cumples una misión en favor de la humanidad.

DIA DEL HUMORISTA (13 de agosto)

- Tienes alma grande, eres capaz de hacer reír, aunque tengas el alma doblada de tristeza.

- Cambias el color de la vida.

- La risa es un remedio infalible y tú tienes el gran don de propiciarla.

- Sólo almas muy escogidas son capaces de hacer olvidar los sinsabores a través del humor.

- Cuando estás en tu artístico trabajo transportas a los espíritus a hermosos estadios de felicidad.

- Ojalá la chispa de tu gracia te acompañe siempre.

- Sabes ayudar a equilibrar el trabajo con el descanso y el sano esparcimiento.

- Sabes lubricar los delicados engranajes del espíritu con excelentes dosis de risas y alegría.

- El organismo es una red con íntima simpatía entrelazada, tu sumas vivencias hacen vibrar al ser humano integral.

- Lo que vale, algo cuenta. El precio del buen humor es un constante esfuerzo por mantener la energía positiva. Felicitaciones.

- Como sabes poner tu mente en el cabestrillo de la alegría, se fortalece tu cerebro y eres capaz de aglutinar espíritus ávidos de felicidad.

- Como deseas mantener tu fuerza y tu vigor, todas tus funciones son manantial de sorpresas y de alegrías.

- En la mágica corriente sanguínea flotan los elementos de nuestro destino, allí están nuestras esperanzas, temores o fortalezas. Tú sabes despertar la alegría.

- La naturaleza realiza prodigios y tú le ayudas si estimulas el don de la alegría.

- Nada es pequeño en la naturaleza, y menos aún el arte de hacer florecer la alegría, la cual da salud y alarga la vida.

DIA DEL INGENIERO (17 de agosto)

- Las obras que elaboras hablarán por ti. Los pueblos están sedientos de belleza.

- Que tu espíritu de sano servicio sea el sello inconfundible de tus obras.

- Siempre te esfuerzas por cultivar el sentido estético y ético de tus trabajos. Felicitaciones.

- Cuando pones tus manos en una obra, ésta habla de tu eficiencia.

- Creas ambientes de bondad y eficiencia, la marquilla que dejas es tu gran sentido de servicio limpio.

- Como trabajas con tanta rectitud, alegría y responsabilidad, tus obras siempre son apreciadas.

- Tu entusiasmo y eficiencia te permitirán gozar siempre de muchas satisfacciones.

- Tu misión es noble, precisa y concreta, releja tus principios y espíritu de servicio.

- Como te interesas tanto por los ambientes, tienes grandes oportunidades para desarrollar al máximo los potenciales.

DIA DEL TECNICO DE ALIMENTOS (26 de agosto)

- Eres profesional en alimentos, les pones espíritu de ofrenda, por consiguiente, se tornan en vida de quienes los ingieren.

- Como tu pensamiento está al servicio de las personas, consigues procesar una química sutil que convierte el alimento en energía.

- La energía sigue al pensamiento dice la ley. Sabes tu profesión y estás decidido a desempeñarte con lujo de competencia. ¡Adelante!

- Ayudas a que el cuerpo humano se renueve constantemente.

- Tu saber da la directriz precisa para que los alimentos sean óptimos y se utilicen al máximo.

- La naturaleza dará todas las posibilidades para aprovechar al máximo los alimentos.

- Ahora que has encontrado tantas explicaciones en la naturaleza, estás en la obligación de multiplicar tu sabiduría a favor de la humanidad.

- Este es un momento especial para profesionales de tus calidades y sabiduría.

- La humanidad siempre te estará agradecida, si enseñas a aplicar al máximo cómo se aprovechan los productos.

- Por donde vas enseñas los secretos de tanta riqueza alimenticia que nos proporciona esta tierra bendita.

DIA DEL ADULTO MAYOR (26 de agosto)

- Que Dios te permita vivir a plenitud estos, los mejores años de tu vida.

- Tantos calendarios te han cargado de sabiduría. Afortunadas las personas que hoy comparten contigo la existencia.

- El tiempo anda sin cesar y te ha impregnado de bondad. Con seguridad Dios en su magnificencia se recrea en tu sana prolífica existencia.

- Aunque el tiempo pasó, no logró apagar tu corazón, ni tus entrañas; al contrario, todavía floreces en amor, bondades y alegrías.

- Tu pasos silenciosos y tranquilos recogen ahora los frutos sanos de tu siembra fértil.

- Eres orgullo y ejemplo para muchos, por tu rectitud, bondad y diligencia.

- Ahora que las fuerzas algo renuentes te dejan por momentos, puedes estar tranquilo, cumpliste a plenitud, es parte de tu premio.

- El tiempo inexorable nunca borrará tu bello ejemplo cargado de vivencia y de fuerzas.

- Tu generación heredó la hidalguía que cual corona adorna el recuerdo de paladines como tú, hechos de sabiduría, fuerza, bondad y señorío.

- Abuelo: eres uno de los capítulos más bellos de nuestro hogar.

- Tu gentileza y dulzura siempre cambian el color de nuestra vida. Gracias por tu cercanía.

- Dios colme de bendiciones al mejor abuelo del mundo.

- Abuelo: viarias generaciones conocemos el sabor de tu bondad. Grandioso tenerte todavía.

- Siempre nos enseñaste el valor, la justicia y el amor. Aspiramos a hacer honor a tu raigambre.

- Sembraste sin descanso, bien mereces el premio de tu cosecha.

DIA DEL PELUQUERO (28 de agosto)

- Con tus manos tejes ilusiones y esperanzas.

- Siempre es agradable ir a tu salón, tus manos son artífices de belleza.

- El contacto con tus manos calma las tensiones y dan fuerza al espíritu.

- Gracias por tu amabilidad con la cual incitas a soñar.

- Ojalá se eternizara el tiempo que inviertes en estimular la belleza.

- Eres la persona de toda mi confianza para hacerme sentir bien.

- Recreas mi espíritu cuando recurro a ti en busca de mejorar mi calidad de vida.

- Tus manos tienen el don de dar tranquilidad.

- La belleza responde a tus cuidados, tienes manos de artista.

- Tienes el don de transformar las expresiones.

- Como le pones el corazón a tu labor, todos quedamos plenos de felicidad.

- Adivinas los gustos, descubres el detalle preciso para lograr conjuntos perfectos.

- Haces cambiar la vida a cada persona que experimenta la dicha de ser atendida por ti.

- Ir al salón de belleza es como dar un paseo para descansar. Enhorabuena por esos ratos de solaz que nos proporcionas.

- Mejorar la presencia ayuda a rejuvenecer el espíritu. Tienes paciencia y trasmites paz.

8. Mes de SEPTIEMBRE

DIA DEL FONOAUDIOLOGO (6 de septiembre)

- Tu paciencia es la clave para entrar en mundos en los cuales el sonido es esquivo.

- Tu dulzura y tus gestos dimensionan sonidos que llegan y enseñan a pensar.

- Aprender haciendo es tu norma. Cuando confrontas actitudes, logras comprender a dónde llegan los progresos.

- El encuentro de tus miradas con las de tus pacientes tienen los destellos de la comprensión.

- El roce humano que ofreces, tiene tanto valor como la voz. Somos afortunados tus alumnos.

- Estás pagada de todo con la correspondencia de tus alumnos que te amamos mucho.

- Los alumnos nunca podrán olvidar tu cercanía cargada de la bondad.

- Cuando se va la tarde y a veces el cansancio te agobia, el recuerdo de una carita agradecida te da la sabiduría para caer en la nota precisa y empezar de nuevo tu canto de alabanza.

- Dios permite tu dedicación y empeño para sacar del silencio a tantos seres ávidos de escuchar.

- Sólo tu dulzura y profesionalismo han logrado tantos prodigios de aprendizaje y de amor.

DIA INTERNACIONAL
DE LA ALFABETIZACION (8 de septiembre)

- Has dedicado tiempo para enseñar a leer, es el fundamento del conocimiento.

- Hay tres estadios muy importantes en la vida del hombre: - Aprender a caminar, es decir, dejar de reptar, desprenderse del suelo. - Aprender a hablar que consiste en hacerse entender y – Aprender a leer; y quien sabe leer puede dominar el mundo.

- Como has aprendido a planear, encontraste el secreto de hallar tiempo para aprender a leer.

- Dedicaste tiempo para soñar en aprender a leer; tu alma se elevará y has encontrado razones válidas para crecer.

- Haz del enseñar un sacramento en tu vida y el éxito no te será esquivo.

- Dedica tiempo a ayudar a tus amigos a aprender y llegarás a ser muy sabio.

- Dios te devuelva el doble de tu acción humanitaria a favor de los que a pesar del tiempo, desean aprender.

- El descubrimiento de un mundo de luz, también ilumine tu sendero.

- Cada vez que enseñes, se te abran muchos caminos de progreso.

- Cuando descubras que el otro recibió tu mensaje de sabiduría alaba a Dios porque estás cumpliendo tu misión.

- Propagas el deseo de aprender, la humanidad te lo agradecerá.

- Aprender a leer es uno de los pasos más importantes en la vida. Has dado el primer paso.

- Has comprendido la trascendencia de aprender. ¡Adelante puedes llegar muy lejos!

- La lectura de un libro es un dialogo con el autor. Grandioso es tener amigos.

- Regálate tiempo para leer, la vida te dará muchas y buenas razones.

- Amas la lectura, con razón es tan agradable conversar contigo.

- Qué bueno es aprender a leer y sentir los contenidos.

- Los libros son buenos compañeros, siempre están ahí, esperando por su dueño.

- Los libros ayudan a crecer. Aprovéchalos.

- Ojalá todo cuando aprendas te llene de alegría.

DIA DEL AMOR Y LA AMISTAD (14 de septiembre)

AMOR

- Soy feliz contigo, espero que Dios nos guíe siempre.

- Alabo a Dios por haber encontrado una persona tan especial como tú.

- La distancia causa mucho dolor. Te necesito a mi lado.

- Eres la luz de mi vida.

- Hace meses quedé atrapada en tu corazón y deseo nunca salir de ahí.

- Amor es olvidarlo todo, querer es recordarlo todo, perdona si te ofendí.

- Pase lo que pase, siempre serás lo mejor de mi vida.

- El amor verdadero vence todos los obstáculos, aprende a esperar.

- Compartir esta fecha reafirma nuestro amor.

- Más allá de la distancia permaneces en mi pensamiento.

- Pido a Dios nos bendiga, proteja y guíe.

- Hoy la vida nos mantiene distantes, sin embargo, tú sabes cuánto te amo.

- Eres mi complemento perfecto, apoyas y compartes conmigo tristezas y alegrías.

- Te extraño, es muy difícil seguir sin ti.

- Cada día comprendo que estar contigo, es tener la felicidad.

- Ojalá la unión de sus vidas sea pronta y para siempre. Se lo merecen de verdad.

- Es hermoso estar enredado con el lazo de tu amor.

- Sé que te desvives porque nadie sufra, estás hecho de amor y de bondad.

- Caminar de tu mano por la vida, es maravilloso.

- Eres el mejor regalo que Dios me ha dado.

- Tu amor, apoyo incondicional y comprensión merecen toda mi gratitud.

- Amarte fue mi meta, perderte me causó pena, ahora recuperarte mi mayor anhelo.

- Aunque no estemos siempre juntos, aquí estaré esperando por ti.

- Has iluminado mi vida con tu cercanía.

- Hoy te ofrezco mi vida y espero perdones mi torpeza por haberte fallado.

- Te agradezco por haber dado alegría a mi vida.

- Aunque haya corrido el tiempo siempre habrá en mi corazón un lugar especial para ti.

- La vida se va muy rápido, aprende a disfrutarla sanamente para bien de la humanidad.

- Eres mi mejor motivo para vivir.

- Valió la pena esforzarte, los regalos especiales demoran en llegar.

- El alma no tiene barreras, enhorabuena estoy contigo.

- Venzamos los retos, la vida nos proporcionará caminos para fortalecer nuestro amor.

- Gracias por ayudarme a encontrar la felicidad.

- Mientras estemos juntos, cuidemos cada minuto de la existencia para vivirla a plenitud.

- Muy difícil comenzar este día sin ti, te reitero mi amor.

- Eres lo más hermoso que le pueda pasar a alguien, de todas maneras, te amo.

- Mereces que te amen de verdad. Dios te guíe.

- Eres persona especial. Te extraño muchísimo, lástima que no hubieras visto la realidad.

- A pesar de todo, eres una de mis fortalezas.

- Cada vez que te recuerdo, oro porque Dios conceda el milagro de vivir nuestro amor.

- Después de tanto tiempo, hoy te amo más que nunca.

- Regresa pronto, hoy la casa está más vacía sin ti.

- Tus palabras, sonrisas y detalles llenan mi existencia cada día.

-¿Adivina quién soy? Tu grillito trasnochador, te amo por encima de todo.

- Desde que te vi por vez primera, los días se hacen eternos cuando no puedo verte.

- Mientras tengamos la opción de soñar, existe la posibilidad de ver realizado nuestro amor.

- Eres la nota cálida de mi existencia.

- Eres mi sueño hecho realidad. Doy gracias a Dios por tenerte a mi lado.

- Algunos amores nacen, crecen y perduran porque se alimentan de bondad y comprensión.

- Eres el amor de mi vida y haría cualquier sacrificio para no perderte.

AMISTAD (14 de septiembre)

- Esta fecha reafirma nuestra sincera amistad.

- Mi gratitud por el apoyo y consejo que nos brindas.

- Tu increíble amistad deja improntas imborrables en todos tus amigos.

- Aprecio con toda mi alma tu amistad llena de fortaleza y vivencias.

- Gracias por haberme enseñado a vivir, a resistir y a luchar.

-¡Ocupas un lugar muy importante en mi vida!

- Debes estar agradecido con la vida porque posees el don de la amistad y eres bien correspondido.

- Cultiva esa amistad que tienes en ti misma, llagarás más lejos de lo que te imaginas.

- No existen distancias para dos personas que se aprecian de verdad.

- En el día del amor y la mistad, doy gracias por tu vida.

- Cuando estás inquieta no dudes en llamar, la amistad verdadera es incondicional.

- Hoy te manifiesto mis sentimientos de gratitud y admiración por tus excelentes calidades humanas y profesionales.

- Eres la luz que ilumina mi sendero y la miel que cambia los sinsabores de mi vida.

- Es maravilloso compartir la vida contigo, ojalá Dios nos permita vivir unidos por mucho tiempo.

- Como sabes lo mucho que te quiero comprendes cuán difícil resulta estar lejos de ti en este día especial.

DIA DEL GERONTOLOGO (15 de septiembre)

- Gracias por entender tantos olvidos.

- Puedes disimular que esas manos cargadas de experiencia tiemblan bajo el peso de los años.

- Tu mirada comprensiva trasmite seguridad y comprensión ante unos pasos cansados.

- Su hacer condescendiente da seguridad a generaciones que deben ser orgullo de la patria.

- Gracias por no tener que aguzar mi oído para poder entender.

- Tu sonrisa sabia y cercana fortalece el resto de vida que me quede.

- Una palabra afable enciende de nuevo la chispa de mi vida y mi corazón un poco cansado vuelve a latir con fuerza.

- Disimulas divinamente cuando vuelvo a contar mis historias pasadas.

- Eres como un angelito guardián que aligeras mi camino.

- Gracias por no resaltar las falencias que a diario aparecen en mi vida.

- Cuando el dolor acicatea, tu mano en mi hombro alivia de verdad.

- Te has convertido en bastón, en el camino de regreso al Padre.

- La mejor medicina que me administras cuando recurro a ti, es el amor y la comprensión.

- Sabes mi historia, gracias por entenderla y de paso me ayudas a vivir dignamente.

- Has dado calor y calidad de vida a mis días más difíciles.

DIA DE LAS RELACIONES PUBLICAS
(26 de septiembre)

- Si todos los relacionistas públicos, fueran tan cordiales como tú, las personas que acuden en busca de soluciones se sentirían muy bien atendidas.

- Cada persona que solicita su ayuda es escuchada.

- Ojalá nunca te abandone la amabilidad.

- Eres de esas personas que se constituyen en ángeles de bondad para quienes requieren tu atención.

- Inspiras bondad y confianza, todos acudimos a ti.

- Si las personas fueran tan amables como tú, el mundo sería más interesante.

- El sol brilla más cuando acudimos a tu oficina y somos cordialmente atendidos.

- Hoy es un día especial para recordarte que tienes la virtud de ser cordial.

- Eres la embajadora de la empresa, con tu comportamiento social agregas quilates a la organización que representas.

- El buen trato a todos los visitantes es la mejor publicidad para tu empresa.

- Eres especial en el trato, atraes energías positivas.

- La empresa agradece tu concurso en el posicionamiento que has logrado hoy.

- Con tu presencia y profesionalismo has logrado las expectativas propuestas.

- Tu fino comportamiento y acertadas gestiones han reportado beneficios a nuestra organización.

- Tu deferencia y comprensión, satisfacen las inquietudes de todas las personas que solicitan tu gestión.

DIA DE LA SEGURIDAD SOCIAL (26 de septiembre)

- La exactitud, bondad y diligencia caracterizan tu desempeño.

- Siempre atiendes solicitudes cuando reclaman tu atención.
- Eres de las pocas personas prudentes al tener que dar sugerencias y negativas.

- Tienes el don de diagnosticar sin causar angustias y desesperación.

- Es bueno alabar a Dios, cuando encontramos almas especiales que ayudan a dignificar la existencia.

- Respetas a las personas, por consiguiente, confían en ti.

- Conocerte cambió la cara de la empresa, grandioso fue utilizar tus servicios y es un reto conservar tu amistad.

- Hoy quiero manifestarte mi gratitud por tu dedicación.

- Hoy quiero reconocerte la paciencia en tu desempeño.

- Ser bien atendido ayuda a paliar la rudeza de la vida.

- Tu vida ha sido un concurso de popularidad ganado limpiamente con tu don de gentes.

- Cuando te nombran, se iluminan los semblantes, das buenos tratos y confianza.

- Tu vida próspera es señal de que das comprensión y mucho amor a quienes necesitan tus servicios.

- Enhorabuena te encontré en este difícil momento.

DIA DEL VENDEDOR (28 de septiembre)

- Vendes mucho porque aportas tus mejores iniciativas, con entusiasmo, propiedad y orgullo.

- Como cuidas a los clientes, eres excelente vendedor. Ellos siempre tienen la razón, ésta es una de tus claves. Felicitaciones.

- Te esfuerzas, ofreces calidad, rapidez y buen precio, los clientes te compran todo cuando vendes. Felicitaciones.

- Tienes muy claro que quieres servir, es el mensaje recibido por tus clientes, ellos encantados de adquirir tus productos.

- Crees que tu servicio es el mejor, es la clave de tu éxito. Vendes cuanto te propones.

- Eres el vendedor estrella, tus clientes disfrutan la experiencia de recibir tu extraordinario servicio.

- La comercialización es el combustible de las ventas, tu excelente servicio es la mejor publicidad.

- No sólo piensas mejor, sino que piensas de manera diferente, ese es el gancho de las ventas.

- Crees en ti y crees que tu excelente servicio les agrada a los clientes, eres el mejor vendedor.

- A la gente le agrada parecer inteligente y tú le das la oportunidad, he ahí el secreto de tu éxito.

- Manejas el arte de dar tratamiento personalizado a tus clientes, como se sienten realmente atendidos, siempre te buscan.

- Conoces a tus clientes, sabes sus gustos, te agrada orientarlos y ellos confían en tu buen gusto.

- Eres mercadólogo Uno "A", nunca llevas la contraria a tu cliente.

- La excelente relación con tus clientes, se traduce en las ventas que son mejores cada día.

- Tu trato comprensivo y cordial ha multiplicado el número de tus compradores. Felicidades.

9. Mes de OCTUBRE

DIA MUNDIAL DEL HABITAT (2 de octubre)

- Los seres en su hábitat viven felices y prosperan, sería bueno que comprendiéramos la transcendencia de respetar tales derechos.

- La conservación ambiental es una de las prioridades más urgentes de la humanidad. La naturaleza pide a gritos que la cuidemos. Usted es una de las personas comprometidas con este reto, felicitaciones.

- Eres gestor de cambios educacionales en la sociedad que beneficiarán el futuro de la naturaleza y de la humanidad.

- Dios te proteja en la noble misión de sensibilizar a la sociedad en el respeto por la naturaleza.

- Ojalá todos tuviéramos como meta el ideal de tu vida: la ecología y la conservación ambiental.

- La realidad presente da voces angustiosas a favor de proteger a la naturaleza por el bien del mundo.

- Lejos de ser un llamado momentáneo, es crucial responder positivamente a las voces de la naturaleza para que la respetemos.

- Gracias por motivar a la comunidad en el sensibilizar a favor de la naturaleza por el bien del mundo.

- Gracias por crear conciencia de las dificultades que afronta el mundo por abusar de la naturaleza.

- Cada acción a favor de la naturaleza afecta a toda la humanidad. El mundo siempre le estará agradecido por su empeño en tan noble labor.

- Eres apóstol que promueve la conservación de la naturaleza, ojalá sea escuchado tu clamor.

DIA DEL ODONTOLOGO (3 de octubre)

- La bondad y la experiencia dan seguridad a tus pacientes.

- En tu competido mercado, ganas sin combatir. Tienes paciencia, pericia y comprensión.

- Te has actualizado, la tecnología forma parte fundamental de tu profesión, agrada de verdad consultarte.

- Conoces a tus pacientes, tienes puntos de afinidad con ellos, ir a tus citas se convierte en un verdadero programa.

- Tu agradable comportamiento forma parte esencial de tu profesionalismo.

- Te apasionas por lo que haces. Tus trabajos resultan perfectos y duraderos, por consiguiente, cuentas con la fidelidad de tus pacientes.

- Tomas decisiones rápidas, precisas y efectivas, tienes gran sentido ético, tu desempeño es ejemplar.

- La familiaridad, alimenta la relación con tus pacientes. Como eres especial, siempre regreso.

- Siempre procuras que los últimos momentos de la cita sean amenos y estén llenos de calor humano.

- Reduces al máximo el riesgo de una mala experiencia, eres cuidadoso considerado.

- Lo mejor que haces por tus pacientes es eliminar sus temores, dar seguridad y decir la verdad en cuanto a posibles molestias.

- Estás posicionado entre los mejores de tu profesión, merecido. Felicitaciones.

- Dices siempre cosas positivas y mientras trabajas distraes el posible dolor.

- El verte concentrado en tu exigente trabajo, da seguridad.

- Su servicio siempre ha sido una buena promesa hecha realidad.

DIA DEL ARCHIVISTA (3 de octubre)

- Eres cuidadoso en codificar testimonios.

- Predicas y practicas la integridad en tu desempeño. Eres confiable, cuidas un tesoro.

- Proporcionas información y ayudas a personas que requieren tu concurso en la esforzada tarea de investigar.

- Cuidas, observas y permites las consultas de documentos que son verdaderos tesoros testimoniales.

- Tu brillante desempeño ha dejado huella en tan dispendiosa labor. Las próximas generaciones te lo agradecerán.

- Tu entusiasmo y dedicación hacen que documentos de inapreciable valor se conserven para la posteridad.

- Eres fundamental con tu responsable labor, para encontrar tesoros testimoniales de nuestros antepasados.

- Ser cuidadoso ha sido tu lema, por consiguiente, se han podido conservar muchos tesoros.

- De tu labor silenciosa y sacrificada darán cuenta las próximas generaciones.

- Sabes el exacto valor de los documentos que más tarde testificarán la historia.

DIA MUNDIAL DE LAS AVES (4 de octubre)

- Si desde niños se aprendiera a escuchar y a disfrutar del trino de los pajaritos, nunca se atentaría contra ellos.

- Quien ama a las aves nunca atentará contra sus congéneres. La ternura se aprende en la infancia y es una bella cualidad que dulcifica la vida.

- Cuando al amanecer escuches la serenata que ofrecen los pajaritos, piensa en Dios y las maravillas que Él creó para nuestro bien.

- Detente un momento, observa a un pajarito y podrás percibir su inocencia e indefensión; comprenderás que ellos fueron hechos para el goce de la humanidad.

- Observando a las aves, comprenderás cómo son de solícitos en el cuidado de sus hijos.

- Personas como tú disfrutan mucho observando paso a paso la vida de las aves. Afortunado quien pueda disfrutar contigo.

- Si miramos con amor a los pajaritos, podremos comprender que la elaboración de un nido es como una canción, cuyas notas son idas y venidas, trinos, ruidos y aleteos.

- Ojalá siempre el trajín de los padres en la crianza de sus hijos, fuera tan solícito como el de los pajaritos.

- Las aves se esfuerzan por sacar adelante a sus polluelos, palpable ejemplo para humanos sin corazón que abandonan a sus crías.

DIA DEL MESERO (4 de octubre)

- Tu atención y eficiencia son decisivas en toda recepción.

- Las personas quedamos felices cuando podemos disfrutar de sus atenciones.

- Su cordialidad y buenos modales dan una nota especial en las reuniones que atiendes cada día.

- Su profesión le dará oportunidades de conocer personas especiales que enriquecerán su quehacer.

- Se puede leer en tu expresión la felicidad que experimentas al entender con profesionalismo a tus clientes.

- Su afabilidad y corrección son buena parte del éxito que siempre lo acompaña.

- Su presencia discreta, alegre y colaboradora ambienta el espacio en el cual se desempeña.

- Sabemos que bendices tu trabajo, fuente de prosperidad, por consiguiente, te va divinamente. Felicitaciones.

- Tu atención discreta y eficiente alegra el ambiente en el cual te desenvuelves.

- El ambiente en el cual Dios te ha puesto, te permite realizar tu profesión con alegría.

- Tu esmerada atención deja el gran sabor de la gratitud.

- Su gran espíritu de servicio se trasluce en su atención y diligencia.

DIA DEL POETA (4 de octubre)

- Tu capacidad de asombro invita a soñar.

- Eres lo que escribes, desnudas tu alma hecha de bondad.

- Cada palabra que sale de tu alma, invita al perdón y a vivir.

- Cada uno de tus versos, es un jirón de alma que cambia el color de la vida.

- Eres un poema hecho persona.

- Tus poemas son como notas que tranquilizan y ayudan a vivir.

- Cada uno de tus versos es una síntesis de verdad, color y bondad.

- Dios bendiga tu pluma porque llega al espíritu, hace pensar y sigue trascendiendo.

- Tus versos son verdaderas historias cuya musicalidad engrandece a los espíritus.

- Tus versos cual postales multicolores crean vínculos de amor y de cercanía.

- Tu pluma obra prodigios que enseñan a vivir este momento.
- Esculcas en los corazones y tu pluma transcribe y les pone música a los sentimientos.

- Cuando sientes que algo te hace falta, es la pluma que te llama a influir en muchas existencias.

- Tu espíritu despierto y afán de servir, son los acicates que tienes para inspirarte y echar a volar tu exquisita pluma.

- Tus versos son un cálido homenaje al deseo de seguir adelante.

DIA PANAMERICANO DEL AGUA (5 de octubre)

- El agua es recurso precioso, apreciémosla, no la derrochemos, el mundo la necesita limpia.

- El agua proviene de uno de estos dos sitios, la superficie terrestre (ríos, lagos y arroyos) o de mantos acuíferos. Es un tesoro propio de los pueblos, hay que protegerla.

- La contaminación de los mantos subterráneos de agua, como fuente de agua potable, está causando alarma y nosotros que la poseemos abundante y limpia no le damos la trascendencia que merece.

- Los mantos acuíferos están compuestos por agua que llena grietas y espacios porosos en rocas y sedimentos bajo la superficie terrestre. Estos son una bendición de Dios y durará si encuentra personas como usted, dedicadas a su defensa y conservación.

- En muchos casos el agua subterránea es naturalmente pura. Sólo la mano destructora del hombre se ha atrevido a contaminarla. Hace falta más conciencia ecológica para conservar el agua y, por consiguiente, para prolongar la vida de la humanidad.

- Los químicos se han convertido en parte indeseable de nuestra vida diaria, tarde o temprano estos encontrarán su camino en el agua y la contaminación atenta contra la vida. Ojalá pronto hagamos conciencia al respecto.

- El agua es vida. Gracias por ayudarnos a defenderla.

- El hombre podrá vivir in algunos elementos, menos sin el agua. Se necesitan campañas rápidas y urgentes para que no se siga en la destrucción de este recurso vital.

- El agua es recurso no renovable, la que se pierde no regresa. Sensibilicemos a toda la comunidad para que mañana los niños no se mueran de sed.

- Ojalá pronto comprendamos lo vulnerable que es el agua subterránea y estaremos dando un paso a favor de la vida y salud del mundo.

- El agua subterránea se contamina con el descubrimiento de campos fertilizados y áreas industriales, porque no hay conciencia ecológica en el estado y menos en los industriales.

DIA DEL ARBOL (12 de octubre)

- Cuando pases por debajo de un árbol, míralo, siente su energía, háblale, escúchalo.

- El árbol es la sombra bienhechora que te protege de los ardientes rayos del sol, bendícelo, ámalo.

- En el árbol anidan los pajaritos que alegran con sus trinos el amanecer.

- El árbol da frutos que nutren y calman la sed.

- Cada hojita es como un pulmoncito, purifica el aire de la naturaleza.

- La naturaleza es celosa, cuando le hacen daño, manifiesta su inconformidad con diversos fenómenos.

- Los árboles son filtros que purifican el aire; el oxígeno vivifica tu sangre y con ello alarga tu vida.

- Cuando se talan los árboles en forma despiadada lloran savia y si pudieran hablar nos harían sonrojar ante sus justos reclamos.

- Enseñemos a los niños a plantar árboles y las próximas generaciones podrán respirar mejor.

- Habla a los árboles, ellos entienden y una manera de responder es llenarse de hojas, flores y frutos para bien de la humanidad.

- Pon cuidado, cuando al vaivén del viento, las hojas de los árboles conversan en susurros de amor, desentrañan mensajes que son para ti.

- Cuando tengas la oportunidad de reposar a la sombra de un árbol, bendícelo y siente la energía que te ofrece.

- El árbol es cuna, hogar y descanso. Míralos, ámalos, cuídalos y defiéndelos.

- Cuando podes un árbol, hazlo con amor, él es un ser vivo y siente, entonces, él entenderá que es para su bien.

- A las personas que tienen también la inteligencia vegetal, las plantas les responden magníficamente. Inténtalo.

- El árbol acuna también a los pajaritos, es una verdadera simbiosis de amor.

DIA DEL CRONISTA DEPORTIVO (12 de octubre)

- Tu voz enciende los corazones y estimula lazos de amistad y compañía.

- Tienes el don de ambientar y encender el gran deseo de ganar.

- Dios te guíe en todos los momentos para que los lugares que tú ambientas, estén llenos de paz, fuerza y amistad.

- El espíritu de Dios vaya delante de tu voz, para que seas clave en la alegría de todos los encuentros.

- Que todos los gritos de alegría provocados por tu sabia descripción se conviertan en oraciones de alabanza y de progreso.

- La energía de deportistas y seguidores guiados por ti, se junten para bien de la patria.

- Estás lleno de energía y entusiasmo, tu arte es trasmitir eso tan hermoso que llevas por dentro.

- La limpidez del deporte es uno de los galardones que identifica a los pueblos y los cronistas son las personas que ayudan a dar testimonio.

- Su voz convertida en alegría trasforma los corazones e invita a triunfar.

- Tienes el don de ayudar a encontrar el sabor del triunfo y de dar el paliativo de saber perder.

- Tu vida trasformada en voz y entusiasmo ha dejado huellas imperecederas.

DIA DE LOS TECNOLOGOS (14 de octubre)

- El lenguaje de la tecnología a veces parece esquivo. Tienes el don de hacerlo entender.

- Tus buenos motores de búsqueda te han facilitado la experiencia. ¡Adelante! Es tu momento.

- Perteneces a una nueva generación inquieta y capaz. Tienes muchos retos. El mundo espera por ti.

- Esta generación activa y ávida de aprender necesita personas capaces y aplicadas como tú.

- En la búsqueda por optimizar tu vida profesional has podido escalar muchos peldaños. Felicitaciones.

- Has sabido aprovechar los planes y oportunidades que la modernidad te ofrece. No te detengas, es tu tiempo, aprovéchalo.

- Tienes acceso a la información, no puedes perder esta oportunidad que te da la vida.

- El objetivo de tu vida es crecer, tienes las aptitudes desarróllalas, cumple tu misión.

- Tu profesión es indispensable en este momento histórico, aprovecha tu saber para ayudar al mundo.

- Tu espíritu de servicio acompañado de tu experiencia es el dueto perfecto para obtener el éxito.

- Tu capacidad de estudio y trabajo se identifican con la rapidez de la modernidad. Cada día hay un reto para personas como tú.

DIA INTERNACIONAL PARA LA PREVENCION DE DESASTRES NATURALES (14 de octubre)

- "La prudencia es la madre de la felicidad", dice un refrán popular y parte de ella es la prevención.

- Es verdad que a la naturaleza no se le puede detener, sin embargo, la prevención asegura salir mejor librados de cualquier imprevisto.

- Tarde o temprano, la naturaleza cobrará los atropellos a que ha sido sometida. Estamos demorados para empezar campañas de sensibilización y prevención, así evitaremos mayores males.

- Cada comunidad ha de estar informada al respeto de los riesgos que corre, por lo tanto, debemos estar preparados para enfrentarlos.

- Si conociéramos más a nuestro planeta, muchos fenómenos nunca más nos tomarían por sorpresa.

- Faltan campañas para que las comunidades estén informadas de los posibles eventos naturales y de los comportamientos que se deben adoptar como medidas de seguridad.

- Mientras más tiempo pase sin que haya un sismo, aumenta la probabilidad de que ocurra un nuevo terremoto, por consiguiente, no puede tomarnos por sorpresa; debemos saber algunas medidas de salvamento.

- Las vibraciones del suelo provocadas por los terremotos nos quitan la vida. Las construcciones han de ser hechas con los requisitos que exige la ley.

DIA DE LA ALIMENTACION (16 de octubre)

- Hemos sido bendecidos con abundante comida; sin embargo, es hora de que tratemos de conservar los recursos naturales que la respaldan.

- Existen recursos económicos para facilitar la comida, pero la insolidaridad permite que muchas personas se mueran de hambre a diario.

- Lo más sencillo que podemos hacer es reducir un poco la comida y compartir esa porción con otra persona.

- Pruebe qué tan buena mano tiene con las hortalizas; aproveche cualquier espacio, siempre, coseche y comparta.

- Aprovechemos los mercados granjeros locales, se apoya al campesino y consumimos productos frescos y sanos.

- Consumamos lo que se cultiva en la localidad, es típicamente fresco, barato y menos contaminado con menos restos de pesticidas que los productos que llegan de lejos. Queremos y valoramos lo nuestro, bastante necesitamos conciencia de identidad.

- Valora al campesino, él con sus manos y su vida de entrega a la labranza contribuye a nuestro bienestar alimentario.

DIA DEL PROMOTOR SOCIAL (21 de octubre)

- Tienes la capacidad de unir las voluntades en pro del bien común. Dios te bendiga.

- Tu radar sencillo y alegre puede leer los corazones y ayudas a mejorar la calidad de vida.

- Tu trabajo perseverante y limpio te ha dado satisfacciones y progresos merecidos.

- Tus actitudes trasparentes son el punto focal de atracción que tanto ayuda a mejorar la comprensión en las comunidades.

- Lees los comportamientos y ayudas a aprender cómo vivir más y mejor.

- Sabes manejar la praxis de la cotidianidad, orientas el mejoramiento de la vida.

- Sabes utilizar los recursos del medio, mejoras los espíritus y la actitud ante la vida.

- Hoy en tu día, debemos reconocer que has enseñado la economía de la vida.

- Cada vez que logras hacer comprender que la adaptación es la ciencia de la vida, el universo se hinca para agradecerte.

- Las pequeñas grandes cosas que logras hacer cada día en tu comunidad, son un lazo de unión que se prolongará por siempre.

- Ten emociones y sentimientos positivos y las comunidades recibirán todos tus buenos mensajes.

DIA DEL TRABAJADOR SOCIAL (22 de octubre)

- Sabes escuchar, esto te ha dado tanta sabiduría.

- La bondad de tu obra se trasparenta en el semblante de quienes acuden a ti.

- Hermoso confirmar que todo el que recurre a ti no se va con las manos vacías.

- Todas las bondades que generas son las bendiciones que recibes a cada momento.

- Tu capacidad de escuchar, amar y comprender son la clave para ayudar a tantas almas atribuladas.

- Eres puro amor y comprensión. Dios siempre está presente en tu labor, muchos testimonios confirman tu eficiencia.

- Cuando tomas un caso por tu cuenta, de antemano se sabe que lograrás el objeto.

- El sentimiento de tu vida y tus valores son las motivaciones que mueven tus excelentes calidades humanas.

- Tienes el don de abrir caminos y transmites sentimientos de paz.

- Guardas secretos de muchos sinsabores y ayudas a cambiar el color de la vida.

- Que Dios te colme de la fuerza necesaria para ayudar a otros a sobrellevar tantos dolores.

- Tu sencillez y carisma ayudan a propiciar encuentros y a lograr sosiego.

- Tienes el don de escuchar, estar tranquila, paciente y de guardar silencio frente a situaciones difíciles.

- Das las orientaciones que capacitan para enfrentar a los diversos retos cotidianos, enhorabuena poder contar contigo.

- Por la humanidad y la confianza con que actúas trasmites seguridad y optimismo, sentimientos tan necesarios hoy.

- Crees tanto en tu fuerte voluntad que ayudas a superarse a todas las personas que recurren a ti en busca de asesoría.

DIA DEL ADMINISTRADOR (25 de octubre)

- Administras la empresa con el talento que manejas tu vida. Eres excelente.

- Siempre que pones tus manos en una empresa, los buenos resultados no se hacen esperar.

- Tienes el sentido especial para percibir cómo funcionan las personas y tu guía maravillosa consigue asombrosos logros.

- Elegiste la profesión por la clase de trabajo que deseabas desempeñar, de ahí tu éxito. Felicitaciones.

- Logras que las personas comprendan que en el éxito de la empresa están todos inmersos. De aquí en adelante es una simbiosis de progreso compartido, cuyo artífice eres tú.

- Cada día hay que renovarse, porque la modernidad cambia sus reglas y como estás dispuesto a innovar, adquieres más experiencia que aplicas con diligencia.

- Tus capacidades académicas y de comunicación interpersonal han sido la clave de tu excelencia profesional.

- La experiencia y la sabiduría te proporcionan una valiosa mirada que es la clave para que te desempeñes a cabalidad.

- Tu inteligencia financiera es el proceso mental a través del cual resuelves los diferentes problemas que enfrentas cada día.

- Tu esquema mental ha sido estructurado para pensar en grande, por ello toda empresa a la cual orientas sale avante con lujo de progreso.

- Se nota que das forma a tu vida a la empresa a través de tus pensamientos positivos. Logras los progresos que te propones.

- Eres muy eficiente, tienes poder detrás de tus palabras y tu acción, llegarás muy lejos porque dinamizas lo que tocas.

DIA DEL ARQUITECTO (27 de octubre)

- Conviertes el espacio en arte y calidez.

- Tu inventiva construye, perfecciona y optimiza los espacios y las vidas.

- Su experiencia y pericia aseguran pronta asesoría para vivificar espacios y mejorar la vida.

- Su mano sabia aplica a los espacios, esas dosis de arte y sensibilidad que necesitan las personas para vivir mejor.

- Logras que los espacios sean atrayentes.

- Eres el artífice, dispones los espacios para obtener paz consigo mismo.

- Tu paz interior asesora a la técnica para dar calidad de vida a aquellos lugares que tocan tus avezadas manos.

- A cada espacio le pones el secreto perfecto para lograr armonía y tranquilidad.

- Hay lugares que brindan la estabilidad emocional, cuando una mano diestra los ha diseñado con pericia y amor.

- Tienes el don de distribuir los espacios, porque como sabes mirar hacia dentro, te conoces y puedes mejorar la vida de las demás personas.

- Los espacios son el fiel retrato de sus dueños y de quien los diseñó. En donde pones tu mano se nota la calidad.

- Puedes transformar cualquier espacio porque sabes conjugar la comodidad con el buen gusto.

DIA DEL MENSAJERO (31 de octubre)

- Ojalá todos los envíos que entregues lleven buenas noticias.

- Que cada puerta abierta a tu llamado sea un nuevo camino de prosperidad.

- Tu trabajo exigente y dedicado transforme tus energías invertidas en fuerzas y progreso.

- Que el Todopoderoso guíe sus pasos en el cumplimiento de su trabajo.

- Ojalá se acorten los caminos para que legues pronto a todos los destinos.

- El tiempo está en tu pensamiento, ten paciencia y alcanzará para cuanto programes.

- Este trabajo exigente será fuente de amistades y progresos porque eres amable y lo haces con espíritu de servicio.

- Te desempeñas con profesionalismo, por consiguiente, siempre te esperan con alegría.

- Cuando la angustia te asalte porque creas que se agota el tiempo, llénate de fuerzas, sé constante, no te desesperes.

- Tu actitud tranquila y bondadosa te ayuda a limar asperezas del camino.

- Tu profesión te presenta muchas oportunidades para hacer amigos, aprovéchala.

DIA ECOLOGICO DE LOS NIÑOS

DIA DE DISFRACES (31 de octubre)

- Ojalá todos los disfraces fueran el fiel retrato de la bondad y que ese noble sentimiento se pegara en el alma del portador.

- Cuando las personas se disfrazan sucede cierta simbiosis al rozarse con esas prendas. Hermoso que se imitaran buenas acciones.

- Los niños son sensibles a todo, enhorabuena por los padres que les orientan a vivenciar esta fiesta y les despiertan en sus espíritus sensaciones agradables de afecto, bondad y ecología.

- Estas fiestas pueden ser motivo de gratas recordaciones, si es aprovechada para dar enseñanza ética a los niños.

Esta feliz oportunidad puede enseñar a que la sencillez bien entendida ayuda a fomentar la alegría y la comprensión.

- En esta ocasión, aunque no haya disfraz, qué bueno hacer comprender que la felicidad no está en lucir un atuendo, sino en saber departir con alegría y sobreponerse a las circunstancias.

- Como una ironía, en estas fechas hay niños que son obligados a lucir atuendos incómodos, ellos sí que no lo olvidarán por las mortificaciones que tuvieron que pasar.

- Todo está en el pensamiento, preparemos con amor esta fiesta, y entonces, con seguridad los niños la disfrutarán.

- Todo cuando se haga para halagar a los niños durante este día, debe tener el sello de la ternura y de la bondad.

- Ojalá el retrato de este día sea guardado con gratitud en el alma de los niños y esto se conseguirá si logra producirles felicidad.

- Ojalá todos los días fueran como éste, si logra producir felicidad sincera y sana en el alma de los niños.

DIA DEL AHORRO (31 de octubre)

- No gastes todo lo que ganas, es norma de oro para la prosperidad.

- No sólo ahorres bienes, ten presente la economía de la vida, ésta no tiene remplazo, y si la dejas ir vacía con ella también se escapará tu misión.

- El tiempo está en tu mente, es precioso, invierte bien y sentirás la plenitud de los grandes espíritus previsivos y exitosos.

- Cada instante es precioso y si se invierte bien, los resultados no se harán esperar.

- El ahorro se aprende en el hogar, se afianza en la escuela y si se practica con eficiencia los frutos darán estabilidad.

- El ahorro debe ser razonable porque cuando raya en la mezquindad causa malestar y quita calidad a la vida.

- Contraer obligaciones es mal negocio, ahorra ese dinero trabajará por ti.

- Si algunas personas actualmente pasan un buen momento económico, es que han leído muy bien no sólo los números sino las palabras.

- Ahora la gente empieza a preguntarse por qué la escuela no enseña acerca del dinero y su funcionamiento.

- Las pérdidas más grandes provienen de las oportunidades desperdiciadas. Sé cauteloso, no gastes todo lo que ganas.

10. Mes de NOVIEMBRE

DIA DE TODOS LOS SANTOS Y
DEL VIGILANTE (1 de noviembre)

- Su noble trabajo da tranquilidad y alarga la existencia de tantas personas que confiamos en usted.

- Permaneces en vela mientras otros descansan. Dios te proteja.

- Eres sólo ojos para cuidar vidas y bienes. Tu bondad sea compensada con prosperidad.

- Ojalá tu ángel se mantenga alerta y guíe tus pasos.

- Que nunca te doblegue la debilidad del sueño, es ahí cuando tu ángel te dará fortaleza para mantener abiertos los ojos y fuerte tu voluntad.

- Has ganado limpiamente un lugar especial en la sociedad, ojalá sea compensado su esfuerzo.

- En la soledad de sus interminables noches, los buenos pensamientos y el deseo de servir sean sus ángeles acompañantes.

- Los ángeles custodios cubran de tranquilidad y eficiencia su exigente labor.

- En todo momento Dios guíe su proceder.

- Ojalá a cada instante pueda leer las situaciones y pueda decidir con pericia.

- La bondad y previsión cubran de éxito su labor

- Ojalá cada vez que termine su turno, pueda entregar resultados, satisfecho de tranquilidad y de progreso.

- Cuando el cansancio se asome a su vera, el ángel de la fortaleza ilumine su misión.

- La bondad y la diligencia son dones que adornan su exigente misión.

- Su leal desempeño lo ha hecho merecedor de nuestra total confianza.

DIA DEL POLICIA (5 de noviembre)

- En nombre de Dios, cumple tu exigente misión para bien de la patria.

- Si tienes claro el valor de la ética, no habrá ningún poder que tuerza su conciencia.

- Con acciones limpias ganarás el sustento de tu familia, se te multiplicará el pan.

- Las acciones buenas serán el escudo que protegerá tu vida y la prosperidad de tus seres queridos.

- Tu frente limpia cual potente bastión te cubrirá por siempre.

- Colombia necesita hombres probos como tú para salir adelante.

- La patria no pierde la esperanza de ver florecer a los inocentes que contra viento y marea sacan su frente limpia para testificar su bondad.

- Ojalá cada vez que termine su día de trabajo, pueda mirar a Jesucristo a los ojos y decirle: "Amigo gracias por darme la licencia de hacer el bien hoy".

- Cuando sientas vergüenza de mirar a Jesucristo a los ojos, con seguridad lo has hecho mal. Pídele fuerzas para corregirte y vuelve a empezar. Él espera por ti.

- Si te alejas de Dios caes en desgracia. Acógete a Él, te dirá el camino verdadero.

- Ten muy claro qué es hacer el bien. Lo demás depende de tu voluntad. ¡Adelante, Colombia te necesita!

- Cuando caiga la tarde qué lindo es poder mirar a los ojos a tus hijos y les puedas ofrecer un pan bien habido.

- Cuando entregues a Dios tu cuenta definitiva, ojalá lleves buen equipaje lleno de amor a tu familia y buenos y honestos servicios a la patria.

- Cuando te hayas ido definitivamente, tu sano recuerdo sirva de orgullo y fortaleza para tus hijos y para tu institución.

DIA DEL AMBIENTALISTA

LATINOAMERICANO (17 de noviembre)

- Ojalá se detenga el éxodo de humanos a sitios del planeta en dónde sólo plantas y animales solían vivir, así se cuidará un poco el ambiente.

- Ayudas a sensibilizar a la comunidad para que se desacelere la extinción de seres vivos en el mundo.

- Es necesario que defendamos en forma igualitaria a mamíferos, insectos, peces, anfibios, reptiles, plantas, de otro modo, estaremos permitiendo que piezas cruciales de la fábrica que sostiene el ecosistema unido, desaparezcan.

- Si las plantas pudieran hablar harían llorar al mundo, ante tantos vejámenes de que han sido objeto.

- Se ha perdido el sentido solidario con las próximas generaciones, ¿cuál será la herencia que les dejaremos? Gracias por ser uno de los apóstoles que desea ofrecer un ambiente ecológico.

- Nuestro planeta pierde diariamente especies, sin embargo, nuestras autoridades ambientales ni se inmutan, lástima que seamos tan indolentes.

- Promueves campañas para que disfrutemos del aire puro. Dios te guarde.

- Lástima que en muchos casos sean las autoridades ambientales las menos comprometidas.

- Nuestro planeta llora cada día, la indolencia con la cual lo trata el consumismo. Enhorabuena surgen líderes como tú en busca de soluciones.

- Ojalá no sea demasiado tarde, cuando reaccionemos positivamente a favor del ambiente.

- Si cuidáramos las especies nativas estaría asegurada una parte de la ecología del ambiente, pero carecemos del conocimiento y el amor a lo propio.

- Los bosques se talan. Pantanos, océanos, capas glaciares y estepas están siendo invadidos. La naturaleza es celosa y cobra.

- El impacto ambiental de enormes cantidades de desechos, ha aumentado. La naturaleza reclama más conciencia ecológica para mermar el consumismo que cada día satura el ambiente de contaminantes.

- Lástima que poco hayamos comprendido que los químicos están contaminando nuestra comida, agua, aire y amenazan los sistemas de los cuales dependemos.

DIA DEL TERAPISTA OCUPACIONAL (17 de noviembre)

- Sabes orientar a los espíritus en el arte de encontrarse para mejorar sus vidas.

- Cuando a las personas, el tiempo les empieza a resultar pesado, tu asesoría no sólo lo vuelve liviano sino productivo.

- Tienes el don de ayudar a las personas a encontrar el ¿qué quieren, cuándo, para qué, cómo y dónde? ...

- Puedes ayudar a comprender cómo eso que parecía insalvable haga sonreír.

- Ayudas a encontrar mejores caminos.

- A esos caminos esquivos los vuelves livianos y accesibles.

- A ti se te ocurre ir en busca de la paz y lo puedes logar.

- Tu hacer sencillo y comprensivo da seguridad a quienes desorientados recurren a ti.

- Ayudas a encontrar la razón de más de un interrogante.

- Cada persona que logre tu asesoría guardará inolvidable gratitud.

- Siempre proyectas bondad y sabiduría para ayudar a quienes van en tu busca.

- Enseñas a pescar cuando la mar se agita.

DIA DE SANTA CECILIA

PATRONA DE LOS MÚSICOS (22 de noviembre)

- Cada vez que logras una nota perfecta, tu alma vibra de emoción, ese es tu alimento cotidiano.

- Cuando los espíritus comprenden la trascendencia de la música, celebran la más grandiosa comunión, entonces se siente la paz y se ahuyenta el mal.

- Si los países entendieran la trascendencia de la música, se fomentaría este arte, se aquietarían los espíritus y habría más tranquilidad.

- Que la patrona Santa Cecilia los proteja y les dé la suficiente vocación para mantenerse fieles a incólumes en un mundo de aridez y desencanto.

- Que cada nota ejecutada a partir de hoy en nuestro pueblo, ablande los corazones endurecidos por tanta amargura.

- Que Dios abra todos los corazones a la música y en comunión fraterna podamos disfrutar a plenitud de tantos talentos que poseemos.

- En tu mundo de notas, sólo caben espíritus especiales como el tuyo.

- La música envuelve a los espíritus, los sublima y los hace soñar.

- Que la música sea alimento y bálsamo para tantas incomprensiones.

- Cuando los sinsabores se asomen a tu vida, vuelve a empezar. Tu arte calma los espíritus.

- Que tantas horas de entrega a la música se vuelvan oraciones y convertidas en prosperidad cubran a sus seres queridos.

- Tantas notas ejecutadas por ti, se conviertan en la multiplicación de prósperas opciones para triunfar.

- Ojalá el pentagrama de tu sueño logre las notas perfectas para tu plenitud.

- El calor de las notas convertido en color, se transforme en arco iris de felicidad y equilibrio para bien de nuestra patria.

DIA DEL AGRONOMO (24 de noviembre)

- Tienes el conocimiento de cómo funciona la tierra, ponle amor y estarás preparado para lograr las mejores cosechas.

- La única manera de salir avante, es probar tus conocimientos, dedicación, eficiencia y si agregas alegría y buen servicio a tu hermosa labor.

- Te has compenetrado amorosamente con la tierra, he ahí la clave de tus logros y merecimientos.

- Escogiste la profesión que más te agrada desempeñar. Ponle dedicación, y el progreso no te será esquivo.

- Eres afortunado, conoces técnicas para hacer florecer la tierra, mírala, escúchala, aprende de ella y los frutos llegarán a manos llenas.

- Compartes con la tierra la más hermosa de las simbiosis, los mejores retoños, las flores, los frutos, y las semillas te hablarán de amor.

- Conoces muchas técnicas, sé prudente, aplica y observa el comportamiento de la tierra, ella como una buena madre te dará las razones para triunfar en tu profesión.

- La experiencia, la técnica, y el amor son las claves perfectas para que la tierra dé esos frutos que has soñado siempre.

- Estás preparado, juegas a lo seguro y el roce con tus manos despertarán las entrañas de tu tierra a la que tanto amas y necesitas ver florecer.

- Eres profesional aventajado, tienes las mejores calidades humanas y tu amor por la tierra te dará los mejores resultados.

- Aprende a manejar el riesgo que conlleva cada siembra llénate de fe, ponle amor y Dios hará lo demás.

- Das forma a tu vida y a tu tierra a través de tus positivos pensamientos, asombroso poder observar cada día, los labrantíos que con tanto amor has hecho florecer.

- Estás agudamente atento de cuidar tus pensamientos positivos y comunicación con la tierra, ésta te responderá con abundancia.

- La tierra fértil, amorosa y receptiva siempre recibirá tus mensajes y si son de amor, brotará en mil frutos cargados de agradecimiento y progreso.

- De tarde en tarde empiezas a ver los progresos de tu tierra, cada vez que la toques responderá con frutos y retornos.

DIA DEL PSICOLOGO (24 de noviembre)

- Tienes el gran don de ayudar a comprender, das fuerzas y a cada instante transmites este mensaje, "no te rindas".

- Tienes poder detrás de tus palabras, haces sonreír a las almas, enseñas bien...

- Si enseñas a "aprender haciendo" estás ayudando a toda la humanidad.

- Tienes un gran compromiso con el mundo, ayudar a encontrar caminos. En cada asesoría tienes la oportunidad. ¿Lo tomas o lo dejas?

- La vida es la mejor maestra, ésta no te habla, te empuja, te quiere despertar y si no enseñas esto, estás perdiendo el tiempo. ¡Orienta por favor!

- Se aprendes con tus pacientes y eres ético con ellos, te irá bien o si no la vida te seguirá empujando.

- Si de verdad deseas apasionadamente ayudar a tus congéneres, nada ni nadie te hará perder el entusiasmo.

- Cuando hagas comprender que cada uno es artífice de sus propias soluciones, habrás dado un gran paso a favor de la humanidad.

- El conocimiento acerca de los seres humanos continuará a lo largo de toda la vida, simplemente porque cuando más descubras, encontrarás que necesitas aprender más. ¡Adelante!

- Cuando otras personas comprendan que deseas desesperadamente enseñarles a encontrar la causa de sus problemas, habrás empezado a aprender de verdad.

- Durante tu vida profesional has podido leer a muchas almas, sabes que tenemos puntos fuertes, la cuestiones saber cuál de las dos partes es más fuerte, ahí puede estar tu sublime misión.

- Sé sincero acerca de tus emociones y si las usas junto con tu mente a favor de tus pacientes, lograrás asombrosos adelantos.

DIA MUNDIAL CONTRA EL USO
INDISCRIMINADO DE AGROQUIMICOS
(25 de noviembre)

- Da el primer paso, empieza a exigir productos agrícolas que no hayan sido cosechados con químicos, son más sanos y ayudan a mantener buena la salud.

- Los fertilizantes químicos ayudan a la productividad agrícola, pero afectan la salud, aprende a consumir productos limpios.

- Entre más naturales sean los alimentos, hay más posibilidad de tener larga vida.

- La madre tierra es sabia y nos ofrece productos deliciosos y cuando la hostigan con tantos abonos químicos, acelera el crecimiento y las cosechas, las cuales pierden calidad.

- La tierra recibe agradecida los abonos biológicos porque siente que le ayudan y en retribución da excelentes productos que benefician al ser humano. Hermoso que esto sea bien entendido y practicado.

- La pobre tierra debe hacer cara de desconsuelo cuando la llenan de agroquímicos en forma indiscriminada. Lástima que se haya perdido el sentido sano al respecto.

- Es un verdadero vejamen saturar los cultivos de agroquímicos que no sólo intoxican a la tierra, sino también a la humanidad.

- La tierra pone cara de felicidad cuando llueve, una comprobación es el verdor de las plantas.

- Cuando las plantas pueden beber agua limpia y alimentos naturales, expresan su amor produciendo abundantes frutos sanos.

DIA DEL INSTRUMENTADOR (25 de noviembre)

- Te guías por los auténticos valores, calidades que se perciben a través de tu desempeño.

- Estás capacitada para ayudar a vencer obstáculos en momentos supremos. Dios te guíe.

- Cuentas con tu profesionalismo y esfuerzo personal. Dios siempre irá delante de ti, por todo esto tu desempeño es excelente.

- Comprendes los sentimientos y la eficiencia, por ello puedes reaccionar con pericia en el ambiente que te rodea.

- El sentimiento de tu vida es el servicio, eres fuerte, puedes obrar con suma tranquilidad y acierto. Felicidades.

- En tu desempeño, las palabras y gestos son mensajes de salvación y vida.

- Tus respuestas llenas de responsabilidad y eficiencia ante tantas situaciones difíciles, son el sello de tu profesionalismo.

- Piensas, vives, te superas porque tienes como meta la excelencia del servicio. Felicidades en tu día.

- Tus calidades humanas y profesionales son la mejor motivación en la optimización de tu brillante desempeño.

- Tu capacidad de reacción inmediata y eficiente, hace de tus manos la mejor ayuda.

- Siempre asumes tus responsabilidades con prontitud y eficiencia.

11. Mes de DICIEMBRE

DIA DEL QUIMICO
FARMACEUTICO (1 de diciembre)

- Dejas traslucir en tu hacer especial que buena parte de tu deber es ser cuidadoso, exacto y ético.

- Ves la realidad con asombrosa exactitud y obras con responsabilidad, dones que dan credibilidad a tu desempeño.

- Tu sentido del humor, da vida a tu entorno algo frío, de elementos y medidas exactas.

- La vida cada día te enfrenta a dar incontables soluciones; aciertas porque tienes un espíritu limpio y con deseo de servir.

- Las metas y las prioridades son como un imán para ti. De ahí tu excelente labor.

- Estamos orgullosos de una persona supremamente eficiente y buena, cuya exigente labor ayuda a optimizar la salud de las personas.

- No pierdes oportunidad para ayudar a que las cosas salgan de la mejor manera.

- Capitalizas cualquier silencio para actuar con suma rapidez.

- Tienes el don de prever con gran diligencia, ayudas a superar dificultades.

- Cuando el cansancio quiera doblegarte, eleva tu espíritu a Dios y haz el esfuerzo de permanecer centrado hasta el fin de tu jornada.

DIA PANAMERICANO DEL MEDICO
(3 de diciembre)

- Eres fiel a los buenos principios, tus hábiles manos y tu sabiduría consiguen verdaderos prodigios.

- Por el poder de Dios, ojalá cada vez que tus manos toquen a un enfermo, empiece a sanar.

- El contacto amoroso y bien intencionado de tus manos, da confianza, salud y felicidad.

- La sana energía y bondad de tu espíritu, trascienda a tus pacientes y se trasforme en salud y paz.

- La mirada agradecida y confiada de tus pacientes, te dé sabiduría y fuerzas para mejorar muchas vidas.

- Tienes un reto, ayudar a mejorar la salud. Que el Amo y Señor de la vida, te dé el don de la prolongación.

- Tus manos transformadas en instrumentos de Dios, tengan por siempre el don de la sanación.

- Tus manos llenas de amor, serán antídoto para el dolor.

- Cada vez que cures a un paciente, eleva una oración de gratitud al Todopoderoso por darte la oportunidad de ayudar a vivir.

- A través de cada mirada agradecida de tus pacientes, te encontrarás con el Médico Supremo. Ojalá cada día se afiance más tu espíritu de servicio.

- Eres como un potente canal a través del cual fluye la sabiduría que proviene de Dios. Él te guiará siempre.

- Que el Maestro a través de ti, propicie vida y felicidad a torrente.

- Tu vida de servicio y de amor, generen la energía suficiente para sanar los espíritus y los cuerpos.

- Ojalá cada noche, luego de tu encomiable labor, puedas mirar a los ojos de tu Maestro y le puedas decir:" Gracias por prestarme tus manos".

- En los momentos difíciles el Maestro te dé luz, talento, seguridad y el don de sanar para tus manos.

- La sana energía y bondad de tu corazón trascienda a tus enfermos y se trasforme en salud y paz.

- Que el Todopoderoso dé a tus manos el don de la sanación.

DIA DEL PUBLICISTA (4 de diciembre)

- Creemos en ti, te conoces a ti mismo y, por consiguiente, ves y plasmas realidades.

- Enhorabuena por tu agudo sentido de mirar.

- Con eficiencia, humildad y buena voluntad has logrado tanta credibilidad.

- No hagas caso a quien critique sin fundamento. Tus metas están claras, sigue adelante.

- Tu fino sentido del humor se refleja en todos tus mensajes.

- Tus frases cortas dicen verdades y venden más que mil palabras.

- Tienes un estilo fuerte y claro, atrapas todo el interés, cuando publicitas se vende como pan caliente. Felicitaciones.

- Eres excelente publicista, obtienes los beneficios que mereces.

- Tienes el mensaje preciso para comunicarte. ¡He ahí tu talento, aprovéchalo!

- Para ti lo más fácil es llegar a la gente. Ésta es la gran oportunidad de tu vida.

- Escogiste la profesión que más te agrada, es hora de volar, hazlo porque los triunfos están a la vista.

- Si algo no salió como querías, vuelve a empezar, tienes muchos talentos sin explotar.

DIA DEL BOMBERO (5 de diciembre)

- La alegría de servir te ha protegido de muchos e inminentes peligros.

- Dios te cubra cuando expones tu vida por salvar a otras personas.

- Sólo la bondad y el servicio te envuelven cuando enfrentas el peligro.

- Cada vez que te desvives por salvar vidas, Dios en su infinito poder, está protegiéndote.

- Te realizas a través de tu labor, por esto eres tan fuerte y saludable.

- Algo muy grande encierra tu labor, porque entre más trabajas, estás mejor y más saludable.

- Enhorabuena por tu vida de servicio a favor de los demás.

- Tu gran disponibilidad y madurez personal, te dan el talento necesario para obrar con bondad, rapidez y eficiencia.

- Tus actitudes cariñosas y decididas son la nota necesaria, para que consigas armonía incluso en medio del peligro.

- No conoces las disculpas en tu entregado trabajo; para ti es una ley el placer de colaborar, ahí está el secreto de tu prosperidad.

- Tu trabajo exige capacidad de renuncia, sacrificio y suma responsabilidad; como a todo lo anterior le agregas una buena dosis de amor, has podido obtener tantas metas.

DIA DE LA LUZ (7 de diciembre)

- Si sabes leer un amanecer, comprenderás el grandioso milagro de disfrutar la luz.

- Encontremos todas las posibles razones para poder disfrutar a plenitud esta claridad meridiana con la cual Dios nos ha bendecido.

- Ojalá nuestros gobernantes obren con justicia y limpidez, entonces, podremos celebrar con alborozo el día de la luz.

- Que la siguiente salida del sol te encuentre ávido de su luz y esa energía te llene de fuerza y discernimiento.

- Ama la luz y obra con trasparencia, la humanidad te lo agradecerá siempre.

- Es grandioso admitir la luz y tú puedes levantar tu rostro con gallardía porque sólo albergas bondad en tu corazón.

- Cuando se vaya el día transporta tu espíritu y bebe en esa luz cargada de color, energía y añoranza.

- Haz algo por la luz, evita el consumismo; la contaminación en la medida en que oscurece la luz natural, acorta la vida.

- La luz del día es la mejor, ámala, disfrútala, aprovéchala.

- A partir de hoy aprovecha cada instante de luz para llenarte de sabiduría.

- La luz da vida a los ambientes, apréciala y bendice el asombroso milagro de poder ver.

- Cuando se acaba el día y las tinieblas se apoderan del mundo, si nos detenemos a pensar, comprenderemos en parte la magnificencia de Dios.

- Por la mañana, cuando el sol baña suavemente a la naturaleza, regálate un instante y contempla cómo esos haces luminosos te señalan el camino.

- Aprende, fascínate con la luz de las estrellas, recibe sus mensajes habla y comunícate con ellas, con seguridad te enviarán su luz.

DIA MUNDIAL DE LOS
DERECHOS HUMANOS (10 de diciembre)

- Cuando los pueblos empiezan a perder su memoria y sus instituciones tradicionales se empiezan a morir, cualquiera los puede subyugar.

- Si los pueblos olvidan su palabra y el derecho a hablar, pierden toda posibilidad de solucionar sus conflictos.

- Aunque hay muchas legislaciones sobre los derechos humanos de la mujer, cada día prolifera la violencia contra ella. Gracias porque eres un ángel y despiertas el derecho a ser y a defender.

- Defiendes el principio de la igualdad de oportunidades. Les quedamos agradecidos por impartir tales conocimientos que nos quitan la venda y nos enseñas a reclamar nuestro derecho.

- Le agradecemos su empeño en la promoción de la cultura de los derechos humanos.

- La humanidad siempre le estará en deuda por motivarnos a hacer de la vida algo más digno y amable.

- El transcurso del proceso en busca de la dignidad humana, ha empezado a echar cimientos, para llevar una vida más amable.

- Cuando los pueblos se conocen a sí mismos se valoran, ejercen su autonomía y respetan ante todo su condición humana.

- La democracia es el modelo de la cultura de los derechos humanos. Lástima que hasta ahora, no se ha recuperado el don de la palabra para defenderse.

DIA DEL SOCIOLOGO (10 de diciembre)

- Comprendes y estimas la comunicación, muchos bendecimos tu labor.

- Cuando logras propiciar momentos de diálogo, creas situaciones salvíficas.

- Tienes pericia para ayudar a enfrentar situaciones y asumir responsabilidades que llevan a la comprensión.

- Enseñas a ser abiertos y sinceros en la manifestación de los problemas y, por consiguiente, logras soluciones.

- Orientas para que las comunidades comprendan por qué no es sano destruir en un instante lo que se ha conseguido con tanto esfuerzo.

- Ayudas a la comunidad a encontrar su sentido trascendente. Eres símbolo de progreso.

- Tienes la misión de hacer crecer a las comunidades. Tu carisma es abrir caminos para la prosperidad.

- Tu éxito depende de que te acercas con el corazón y con los argumentos válidos para hacer crecer.

- Siempre te acercas con amor y bondad, éstas son armas tan poderosas que ninguna comunidad se te ha podido resistir.

- Tu relación con las comunidades es muy efectiva, porque las orientas con sabiduría hacia los valores sociales y de compromiso con el bien común.

- Con tu ejemplo vivencial, enseñas a pensar y a decidir sin egoísmo a favor de la comunidad.

DIA DEL PILOTO (17 de diciembre)

- Cuando más vuelas, más comprendes que el elemento básico es el control. Dios te guíe.

- Tú como las aves enfrentas problemas semejantes en el cielo y has llegado a soluciones notablemente parecidas.

- Como las aves cuando vuelan, con el viento en la cara, logras desafiar las alturas de tus metas para llegar airoso.

- Eres como las gaviotas, nunca te detienes en medio del vuelo. Dios siempre será tu guía.

- Tienes muy clara tu meta de aprender, por esto, cada vuelo es la más bella oportunidad para realizarte y crecer.

- Tienes toda la pericia en el arte de levantar las alas, has conseguido buena marca en la velocidad. Agradece a Dios tus dones.

- Parece que tuvieras por cerebro, cartas de navegación, estás destinado a volar y enhorabuena te agrada.

- Tu gran corazón y tus manos diestras serán la carta segura para llegar a buen destino porque el espíritu del Maestro irá siempre delante de ti.

- Para ti la velocidad es gozo y pura belleza, Dios será la dirección.

- A veces vuelas desde que sale el sol hasta el anochecer, sabes que, con mover una fracción del extremo de las alas de tu avión, causas una suave curva; ten cuidado, nunca te desconcentres y pide la protección divina.

- Escogiste como razón de tu vida volar, y cada día encontrarás nuevos y brillantes horizontes que esperan por ti.

- Con tu control interior y el Maestro como guía has podido atravesar espesas nubes y subir hasta cielos claros y deslumbradores. Felicidades.

- Te costó gran precio aprender a volar, enhorabuena eres feliz.

- Lo más hermoso es la habilidad con la cual aprendiste a volar. Sabes qué es la velocidad y qué es volar lento; grandioso poder controlar esas situaciones que a cada instante testifican el poder de Dios.

- Cada vez que terminas tu labor con seguridad das una mirada agradecida al cielo y a la tierra por la maravillosa oportunidad que te ha dado Dios para aprender.

NAVIDAD (25 de diciembre)

- Navidad es tiempo de reconciliación y de unión en torno al pesebre.

- Que la alegría de esta navidad, sea el principio de un año próspero y feliz.

- Que la alegría y el amor los acompañe en esta navidad.

- Ojalá Dios les conceda disfrutar a plenitud de la paz y la felicidad que constituye la promesa de la navidad.

- En el comienzo de una bella época, donde la alegría, la paz y el amor de la navidad, llenan nuestro corazón de fe y de esperanza en el año nuevo.

- Todo tiempo puede ser navidad.

- Navidad, tiempo para compartir con los amigos que apreciamos de corazón.

- Es posible transformar el mundo si valoramos a nuestra familia, amigos, vecinos y buscamos cercanía en navidad.

- El corazón de la navidad es el amor.

- En este tiempo brilla la luz de la esperanza, dejémosla entrar para celebrar la navidad.

- En la simplicidad de Jesús recién nacido está la grandeza de Dios.

- Ojalá nos acerquemos para disfrutar una época tan linda como es la navidad.

- La felicidad los acompañe en navidad y en el año nuevo.

- Es esta navidad la luz de la felicidad se encienda en nuestros hogares y en el año nuevo esta luz nos guie por mejores caminos.

- Este tiempo de gratas recordaciones, afiance nuestros lazos de amor.

12. BIENVENIDA

- Que tu estancia en la ciudad sea grata y placentera.

- Tus amigos estamos de plácemes al poder disfrutar nuevamente con tu presencia.

- Grandioso verte de nuevo.

- Tu próxima venida nos ha llenado de muchas expectativas.

- Nuestra vida cambia de color ante tu próxima venida.

- Ojalá el roce con tus amigos renueve tu corazón de buenas energías.

- La familia celebra orgullosa tu regreso.

- Tu familia siempre será bienvenida a esta tierra.

- Tu añorada presencia ha generado sentimientos de unión, fraternidad y alegría.

- Por donde vas generas alegría, es todo un acontecimiento volver a disfrutar de tu compañía.

- Verte de nuevo será un premio para tus amigos.

- El sentirte cerca abre nuevos caminos de prosperidad.

- Siempre llegas en el mejor momento, tu compañía nos transmite felicidad y fuerza.

- Cada vez que estás en casa, todo respira tu presencia.

- Ante tu próxima venida, todos deseamos poder disfrutar contigo a plenitud.

13. DESPEDIDA

- La distancia logrará afianzar nuestra amistad.

- Lograste llegar a nuestro corazón y ahí te quedarás para siempre.

- El espacio que dejas, se llenará con las ideas que sembraste en el corazón de tus amigos.

- Llevas contigo muchas inquietudes, nos dejaste la más grata impresión.

- Tus ideas de bondad siempre harán presencia, aunque te hayas ido.

- Nos alegra saber que vas a progresar. Felicitaciones.

- A donde vayas, llevarás tu gran espíritu de servicio y de convivencia.

- Sentimos el inmenso vacío que dejas, sin embargo, tratamos de llenar la ausencia con tu maravilloso recuerdo.

- Tus pensamientos unidos a los nuestros, serán la fortaleza para seguir sin ti.

- Aunque lejos, espiramos a que en tu corazón haya un lugar para tu pueblo.

- Cuestiones de progreso implican tu ausencia. Enhorabuena por ti, pero nos sentimos huérfanos de tu presencia.

- Ojalá en donde estés cuando se oculte el sol, recuérdanos.

14. ANIVERSARIO DE BODAS

- Ahora que el camino se llena sombras, es bueno recordar nuestro día de luz.

- Esta fecha única los llene de amor y fortalezas para seguir.

- El gran recuerdo de este día siempre fortalece nuestros lazos de amor.

- El testimonio de Cristo nos permitirá afianzar el camino de amor.

- Dios siempre ha asistido nuestro camino de responsabilidades compartidas.

- Dios bendiga su amor y voluntades dispuestos a crecer.

- Han sido artífices en la tarea de compartir. Felicidades.

- Sus corazones siempre han estado dispuestos a fortalecer el hogar. Dios ha sido el secreto.

- El río de nuestra unión matrimonial siempre ha sido espejo limpio para mirarse otros.

- Nuestra unión es fuerte porque está apoyada en el corazón de Cristo.

- Esta fecha recuerda el soñar con campanas de boda.

- Ojalá este mensaje se convierta en nota de amor, saturada de hermosos recuerdos.

- Nuestro hogar siempre ha sido refugio a toda hora.

15. CUMPLEAÑOS

- Recordándote en el día que viste la luz por primera vez.

- La dicha te embargue y todos tus buenos deseos se te cumplan.

- Hoy sea el espejo feliz de tu hermosa vida.

- Dios postergue tu vida para felicidad de quienes te queremos.

- No podré olvidar el día feliz en el cual viniste al mundo.

- Ojalá todos tus sueños, se cumplan para tu dicha y prosperidad.

- Dios te come de felicidad siempre.

- Hoy ruego a Dios por tu bien.

- Hoy le pido al Padre que te cubra con su protección.

- Que cada año cumplido multiplique tus opciones de crecer y de ser feliz.

- Ojalá Dios te dé vida y caminos para realizar tus sueños.

- Este feliz cumpleaños llene todas tus expectativas.

- El cielo y nosotros sonreímos, cuando supimos tu esperado advenimiento.

- Tu vida ha sido luz para tu familia y tus amigos.

- La vida, ha sido generosa contigo porque tu bondad trasciende a los que te rodean.

- Dios bendiga y prolongue tu existencia.

- Hoy cuando termine este grandioso día ojalá estés pleno de felicidad y de expectativas.

- Desde que llegaste has sido punto de unión y de amor. Dios te guarde.

- Felices compartimos contigo tu día de cumpleaños.

- Hoy pedimos al Todopoderoso que siempre guíe tus pasos y obtengas felices metas.

- La felicidad te da vigor. Ojalá este día especial te llene de las fuerzas necesarias para triunfar.

- La paz, la alegría y la prosperidad sean eternas compañeras de camino.

- Cada abrazo que recibas hoy, se transforme en alegría y prosperidad.

16. CONDOLENCIAS

- En este momento de dolor, reconocemos que nuestra vida sin ti no es la misma.

- Es honda la pena que nos aflige por su ausencia inesperada.

- El camino de su vida se truncó ahora. Padre recíbele en tu reino de paz y felicidad.

- Hoy queremos testimoniar que …. fue ejemplo de bondad, amor y de trabajo.

- Hoy sentimos el gran vacío de su ausencia, pero nos conforma saber que… partió al encuentro con Dios.

- Su gran corazón fue albergue de bondad y generosidad, ahora desde el cielo los acompañará.

- La educación perdió un bastión de amor, valores y sabias enseñanzas.

- Sabemos que está feliz en su morada de paz. Fue su momento y lo apuró en paz y de la mano de Dios.

- En nuestras vidas siempre serás la nota amable que dará luz para seguir el camino.

- Siempre fue una persona de espíritu alegre, nunca se amedrentó ente las vicisitudes de la vida; su partida decisiva y tranquila dio ejemplo de valor y de fe.

- Se fue quedando dormida, con la placidez de su deber cumplido a cabalidad. Sentidas condolencias.

- Hoy queremos invitarte para que desde el cielo escuches a tus amigos que te estaremos recordando siempre.

- A través de su ausencia valoramos más sus enseñanzas, amor al trabajo, constancia y honestidad.

- Siempre vivirás en el corazón de quienes le apreciamos tanto.

Supo encaminar las conciencias, guardemos la más linda reminiscencia de sus acertadas orientaciones.

- Seguirá presente para que sus enseñanzas de padre, esposo, hermano y amigo sigan latentes cada día en nuestros corazones.

- No será fácil aprender a vivir sin... su huella será siempre testimonio.

- Su ejemplo virtuoso de entrega y bondad, siempre fue luz en nuestro sendero. Sentidas condolencias.

- Su recuerdo seguirá siendo la fuerza espiritual para continuar nuestros días.

- Con profundo dolor por su partida, su ausencia nos parecerá un siglo a toda hora. Sinceras condolencias.

- Cuando evocamos su feliz vivencia, no entendemos por qué fue tan pronta su partida.

- Le brega y el esfuerzo por conseguir sus sueños, dejaron profunda huella en la vida de sus amigos.

- Vivirán en el recuerdo fiel de quienes tuvimos la felicidad de compartir su ejemplar existencia.

- Sus recuerdos seguirán intactos como testimonio de su vida llena de mensajes de paz y bondad.

- Se cerró el telón de su vida, pero sus semillas germinarán pródigas en frutos sanos.